우리는 같은 통점이 된다

문학동인 공통점

**동인의 말**

오래전부터 이들을 멀리서 지켜봤습니다. 친한 사람끼리도 속삭이듯 대화할 정도로 유난히 내향적인 모습에 호기심이 생겼어요. 문학의 쓸모에 대해 회의적이던 저와 치열하게 시를 쓰는 이 사람들과는 차이점이 많은 것 같았습니다. 문학을 좋아하는 마음 하나로 모여 서로의 시를 나누어 읽고 책을 만들고 새로운 실험들을 도모하더라고요. 대책 없이 순수한 사람들이라고 생각했습니다. 어느 순간부터 이 조용한 사람들을 동경하게 되어 점점 가까이서 응원하다가, 저도 하나의 통점으로 공통점에 함께하게 되었습니다.

함께 시를 쓴다는 건 형용할 수 없던 슬픔을 자신만의 언어로 써낼 때까지 묵묵히 곁을 지켜 주는 이들이 있다는 의미입니다. 제가 만난 공통점은 불안 속에서 홀로 시를 써 내려가더라도 그 시에 담긴 마음을 바로 읽어 주고 서로를 위해 언제든지 곁을 내어 주는 공동체입니다. 미숙했던 저도 미완성된 글만 가득 들고 처음 공통점을 만났지만, 조금 늦더라도 나란히 걸을 때까지 기다려 주는 이들과 함께한 덕분에 조금 더 성장하고 문학도 마음껏 사랑하게 되었어요.

공통점이 시작된 지 꼬박 열 번째 해가 되어 오랜 염원이던 동인시집을 엮습니다. 첫 동인시집에는 여덟 명의 시인이 공유하는 다섯 가지 주제로 창작한 시와 산문을 담았습니다. 비슷한 사회·문화적 경험을 하며 성장한 90년대생으로서, 5·18이란 숫자의 의미를 무겁게 배우고 자란 청년들로서, 기후 환경 변화의 문제를 마주하고 있는 세대로서 같은 마음이 되어 시를 썼어요. 아울러 우리를 한데 묶어 주는 공통점이라는 이름의 공동체에게, 또 긴 시간을 함께해 온 서로에게 선물하듯 시를 써서 나누어 읽기도 했습니다.

　이 뜻깊은 시집을 엮는 데 함께한 동인의 일원으로서, 다 같이 오래도록 시를 쓰고 읽자던 약속이 변치 않은 것 같아 기쁩니다. 앞으로도 우리가 새롭게 만들어 갈 '공-통점'들을 지켜봐 주시길요. 우리 모두 각자의 자리에서 저마다 다른 일상을 살아가더라도, 언제 어디서든 문학이라는 공통점 아래 다시 모일 수 있기를 바랍니다.

2025 가을
공통점을 대표하여
막내 윤소현 씀

# 우리는 같은 통점이 된다

**차례**

**김도경**

| | |
|---|---|
| 어떤 슬픔은 끝나지 않아서 | 13 |
| 신촌 | 16 |
| 1980 | 19 |
| 미메시스 범인 | 21 |
| 어느 우연한 자리에 | 24 |
| **산문** 우리라는 숲을 이루고 | 27 |

**김조라**

| | |
|---|---|
| 식탁에서 | 33 |
| 여자애와 여자애 | 35 |
| 행진 | 37 |
| 희망적 관측 | 40 |
| 멀리 있는 사람에게 | 42 |
| **산문** 작은 동산 | 45 |

**김병관**

| | |
|---|---:|
| 모두 입에 | 49 |
| 둥지가 없고 | 51 |
| 각각 또는 | 53 |
| 무량공처 | 55 |
| 내일 봐 아림 | 57 |
| **산문** 단속반 | 61 |

**신혜아림**

| | |
|---|---:|
| 순진한 건 우리였고 | 65 |
| 옛 노래 | 68 |
| 있는 사람 | 71 |
| 미완성 시대 | 74 |
| 돌고개역 | 76 |
| **산문** 공통−점 공−통점 | 80 |

**장가영**

| | |
|---|---|
| 남산 오르기 | 85 |
| 소란 | 90 |
| 일어난 일 | 93 |
| 인과 | 96 |
| 자조 모임 | 98 |
| **산문** 네가 있는 광주 | 102 |

**이서영**

| | |
|---|---|
| 낯선 양식 | 107 |
| 여름 환영 | 109 |
| 플로리스트의 뜰 | 112 |
| 가족 앨범 | 114 |
| 불가능에서 가능으로 걸어가는 | 117 |
| **산문** 너와 문학과 역사 | 121 |

**이기현**

| | |
|---|---|
| 통증의 군락 | **127** |
| 쉬었음 청년 | **129** |
| 할 일 | **131** |
| 테라리움 | **133** |
| 칠그릇과 사람 | **135** |
| **산문** 그저 그런 사람으로 살아갈 용기 | **138** |

**조온윤**

| | |
|---|---|
| 새천년 건강체조 | **143** |
| 열쇠의 집 | **145** |
| 그림자 관광 | **147** |
| 산성비 미래 | **149** |
| 너는 나를 천사라고 부르네 | **152** |
| **산문** 엇갈리며 함께 걷는 이들에게 | **154** |

**해설**

느슨한 연대를 향한 통각     **159**
―김원경

김도경

2021년 《아시아》 신인상으로 등단하였다. 심훈문학상 수상 시집 『숨과 숲의 거리』를 썼다. 여름을 아주 오래 견디고 있다.

# 어떤 슬픔은 끝나지 않아서

회귀라는 단어를 처음 접한 건 대학교 수업 때였다 세상으로 누군가가 돌아온대 이 단어는 지금에게 정확하지 않고

미안이라는 단어는 내가 시를 쓰며 꺼내게 된 민낯이었다 내 얼굴에 누군가가 향유한대 이 단어는 지금에게 미안할 뿐이고

애도라는 단어는 조금씩 눈을 멀게 하는 사유였다 대상을 조금씩, 조금씩 잊어 간대 어느새 누구를 슬퍼하는지 모르게 되고

우리는 우리를 믿었다
49일이라는 기간을
질서를
마음을

나는 내가 무섭고 내 안의 미래가 이상하고

그런 문장과
시선과
그런
밤이

어떤 밤에는 오지 않던 목소리가 어떤 밤에는 찾아왔다 그 밤을 가장 잘 기억하기 위해

나는 백 번을 꿈에서 죽었다
백 번 죽으면 천 번 태어난다
다시 태어나고 다시 꿈을 꾸고
거짓이 없고
우리가 없다

우리를 잃어버린 우리는 한 번의 가능성을 만나기 위해
우리를 이해하는 우리는 천 번의 밤을 헤매기 위해

다시 회귀라는 단어가
우리를 가두고 있을지라도

## 신촌

자정이 넘어서 엄마에게 전화가 왔어
평소라면 엄마는 이미 잠에 들고도 남을 시간인데

전화 속 엄마는 울고 있었어

너무 힘들면 집에 와도 된다고

평소라면 엄마는 나를 더 벼랑 끝으로 몰아붙이는 사람인데
전화 속 엄마는 내 걱정으로 청주에서 서울로 길을 떠나고 있었어

*

돈이 되는 일을 알아보고자 카페에 왔어 내 나름으로 돈이 될 직업을 고민해 보고 공고를 찾아보고

머릿속으로 미래를 그려 보며

노트북을 켰어

한 글자도 적지 못하다가 시집만 다시 펼쳤어

나는 그만두지 못하겠어
나는 사실
진정으로 좋아하는 것과는 헤어지는 일이 너무 어려워

나는 사실
마음을 내어 준 적 있다면 그 사람의 안부를 오래 물어

나는 사실
사람에게 못되게 군 걸 아직도 후회하고 있어

마음 준 것을 회수하는 법을 몰라서
잃어버린 대상을 잊지 못한 대상으로 애써 감추려 들

어서

   속 이야기를 꺼내기 전에
   사설이 길어지듯이

   어설프게 선한 태도가
   누군가를 먼 길에 오르게 한다고
   그건 선한 게 아니라 비겁한 거라고

   진심에는 은유를 붙이지 않겠다고 다짐했어

## 1980
―우린 기도가 모자라게 울었다

*하루에도 몇 번씩 사이렌 소리가 들렸다. 사이렌은 안전을 확보하라는 신호였지만 그 자체로 공포였다. 폭탄이 예고 없이 떨어지더라도 사이렌이 울리지 않았으면 좋겠다는 생각마저 들었다.*[*]

"관이 모자랐어, 관이. 너무 많은 사람이 죽어서 교회에 시체가 잔뜩 있었어."

광주 이야기를 전해 주시던 만학도 이모님은 담담히 말씀하셨지만 이야기 속 산 사람들은 울고 있었다. 관이 모자라게 사람이 죽어 가던 그날과 사이렌이 울리지 않길 바라는 오늘날은 얼마나 다르며 또 어떻게 같을까. 죽음이 모자라는 일은 없어서, 죽음은 죽음을 더 많이 요구할 뿐이라서.

관은 여전히 모자랐다. 땅이 모자랐다. 믿음이 사라지고 교회의 십자가를 등에 짊어진다. 하늘에 X를 보여 주며 걷고 또 걷는다. 걷다 보면 앞은 어둠인데 그 어둠을 걷는 방법으로 서로의 숨소리에 집중한다. 내 앞에 네가 있을 거라는 숨소리와 내 뒤에 네가 있을 거라는 숨소리로.

사이렌 대신 우리가 살아 있어 나누는 대화 소리로. 살아서 만나자는 말 대신 살아 있어서 호흡하고 있음으로. 많은 영혼이 하늘을 휘감아서 어두운 것일까, 밤이라서 어두운 것일까. 갈라진 구름 사이로 내려온 빛이 십자가에 반사되기 시작했다. 그 빛은 다시 하늘로 돌아갔다.

그 빛을 누군가는 영혼이라 말했고 누군가는 대답이라 말했다.

우리는 침묵하지 않았다.

* 윤영호, 윤지영 저, 『우리는 침묵할 수 없다―세계의 여성 17명, 러시아―우크라이나 전쟁과 삶을 이야기하다』, ㅁ(미음), 2022.

## 미메시스 범인

사람을 만들었다

물론 눈으로 만든 사람이었다
그게 내가 첫 번째로 만든 사람이었고

그 후 재현을 훔친 재현을 생각했다

동물이 꾸는 꿈을
내가 대신 재현해 주는 것

그들의 꿈 유무보다 그들의 존재에 몰입하는 일이 더 중요했다

나라는 사람 위에 덮어씌운
온갖 것들이 뒤섞인

사람이 사람을 만들었다

눈덩이를 굴리듯이
세계에 다양한 것들이 뭉쳐지듯이

우연을 가장한다
우연하게 만든 거예요
마치 전생 같았어요
시점보다 더 짧은
찰나였어요

기억을 가정한다
개처럼 짖었고 고양이처럼 세수했어요
말처럼 달렸고
새처럼 가벼웠어요
아주 생생했어요

비가 오는 날이면 당장 바깥으로 나가야 했다
햇빛이 쨍쨍하면
창문을 열고 식물처럼 멈춰 있어야 했다

사람이 사람을 만들었다

온갖 것들이
사람을 떠나기 전에
온갖 것들이
사람을 지우기 전에

사람이 사람을 만들었다

전생이
이번 생을 꾸짖기 전에
전 생이
한 생을 지워 버리기 전에

## 어느 우연한 자리에
— 도경이 조라에게

    나는 당신과 비어 있는 지난 시간 위에 만약을 세워 보기로 한다

    광주의 충장로에서
    길을 빠져나와

    학교 앞 어느 서점에 들어선다
    (때는 2016년)
    그곳에서 당신을 만나기로 했다
    책을 이야기하는 모임이었는데
    이번 달은 꽤나 어려운 철학책이라 머리가 지끈거린다

    당신과 모임의 구성원들이 들어오고
    인사말이 오간 다음
    강독회가 시작된다
    당신은 자신의 논리대로 차근차근 말을 해 나가고
    난 내심 경탄하며 지켜본다

내 차례가 되자 민망하게 내 생각을 이야기한다
횡설수설 이야기하지만
당신이 눈을 마주치며 웃어 주는 덕분에
난 조금은 긴장을 풀 수 있다

모임이 끝나고
당신과 나는 방향이 같아 좀 더 시간을 보내게 된다
공통의 지인으로 대화를 나누다가
조금 갑작스러울까라는 걱정은 잠깐
나도 모르게 내 투명한 면을 꺼내고
당신은 무척이나 태연한 표정으로 내 문장을 오밀조밀 다듬는다
어느새 신호등을 앞에 두고 있다
당신이 다음 모임 날 만나자는 말과 함께 신호를 건너고
난 파란불이 켜졌다는 걸 그제야 깨닫는다

# 우리라는 숲을 이루고

내 인생 첫 시는 나무로 쓴 시였다. 뭣도 모르고 써서인지 제법 당차게 단어를 선택했던 기억이 있다. 그 후 나무로도 꽤 시를 많이 썼고, 다른 소재로도 시를 많이 써 시집 분량을 이루었다. 내 첫 시집은 숲이었다. 시집 『숨과 숲의 거리』는 「파훼」라는 시에서 나온 문장을 발췌한 것이다. 나는 시집 제목을 짓는 일이 어려워 난항을 겪고 있었다. 급하게 추천사를 써 주신 나희덕 선생님께 부탁드렸고, 순식간에 여러 좋은 제목 안들을 내주셨다. 그중 내가 제일 마음에 들었던 것이 제목이 되었다. 내 나름으로 생각해 본 건데, 시인의 첫 시집 제목은 시인을 꽤 닮았다. 시인의 삶 전반에 있어서 중요한 단어가 담겼다고 할까. 물론 어디까지나 내 개인적인 입장이지만 말이다.

내게 '숨'은 생존이었다. 20살 이후부터 아르바이트를 쉬지 않고 했다. 당장 쓸 돈이 내 생존에 있어서 제일 중요한 문제였다. 그건 지금까지도 마찬가지다. 그리고 내게 '숲'은 문학적 공간이었다. 조금 포괄적인 단어이긴 한데 내겐 이 이상으로 적확한 표현이 떠오르지 않는다. 내가 시를 쓸 때 기대는 무의식의 공간이고, 시를 쓰는 개인들이 모인 공동체이고, 내가 좋아하는 사람들이 모여 슬픔을 나누는 곳이다. 공통점도 내게는 숲인 셈이다.

첫 시집을 내고 본격적인 공통점 활동을 시작했다. 그전까지는 객원 멤버 정도의 활동만 했다. 종종 청탁 의뢰가 오면 글을 써 발표했고 공통점 사람들과 합평할 일이 있으면 빠지지 않고 했다. 비록 공통점 멤버는 아니었지만 내적 친밀감은 늘 높은 상태였다. 내가 처음 기획자로 참여하게 된 프로젝트는 〈마음 레코드의 기능상 요건〉이었다. 웹진에 작품을 게재하고 그것들을 묶어 시집으로 출간하는 것이 프로젝트의 주된 활동이었다. 우리는 공통점 웹진에서 같은 단어가 쓰인 작품의 페이지를 연결하여 볼 수 있게 했다. 웹진을 통해 시들 간의 유기적인 관계망을 이루는 것이다. 이후에는 해당 작품들을 순서대로 엮어 시집으로 만들어 냈다.

사실 평소 사적으로 보던 사람들과 업무적인 대화를 나누는 건 쉽지 않았다. 작가 섭외, 일정 정리, 홍보 영상 제작, 홍보 포스터 제작 등 프로젝트를 위해서는 많은 부분의 협의와 조율이 필요했다. 회의나 업무적인 연락이 많아지다 보니 자연스레 의견 충돌이 있을 때도 있었다. 다른 사람에게 들었으면 서운하지 않을 말도 이상하게 가까운 사람에게 들으니 더 서운하게 들려왔다. 물론 서로에 대한 마음을 잘 아는지라 이해하고 고마워하는 감정이 더 컸지만, 사적인 사람 간에 일이라는 공적 영역이 생기다 보니 그 경계를 조율하는 데 어려움을 겪기도 했다. 그래도 막상 만들어진 작업물을 보니 적당한 의견 충돌도 필요하다는 것을 알게 되었다. 모든 피드백이나 의견에는 함께 완성도 높은 작업물을 만들어 내고 싶은 의욕과 애정이 깃들어 있었다. 또 우리 간의 에피소드가 생기는 나름의 재미도 있었다.

나는 주변 사람들에게 공통점 이야기를 자주 한다. 내 소속이 있다는 건 꽤나 자랑이 되어서 자주 말하게 된다. 소속의 순기능이 더 있다면 소속에 내가 자랑이 되기 위해서 스스로 정진하게 된다는 것이다. 시에 대한 고민을 계속하게 되는 건 분명 공통점 덕이 크다. 아마 공통점이 아니었다면 시를 진작에 놓아 버렸을지도 모른다.

나는 우리가 공통점이라는 이름으로 모이는 순간을 좋아한다. 다들 바쁘게 살다가도 어느 순간에는 여기저기서 모여 한 자리에 착석한다. 오랜만에 봐도, 큰 소리로 이야기를 나누지 않아도 즐겁게 이야기를 나누곤 한다. 우리는 작은 목소리로 안부를 오래 묻고 헤어지는 일이 서툴러 배웅을 오래 한다.

나는 그럴 때마다 우리라는 단어를 숲으로 은유해 오밀조밀 문장을 굴려 본다. 나무를 '나'로 숲을 '공통점'으로 둔 채 문장에 문장을 덧붙여 본다.

나무는 나무와 꼭 살갗이 닿아 있지 않아도 바람으로, 호흡으로, 소리로 공생하고 있다고. 나무는 다른 나무의 이야기를 좋아해서 숲이라는 공동체가 되어 메아리를 퍼트린다고. 나무는 숲으로 불리는 순간을, 숲으로 모이는 순간을 좋아한다고.

어느새 우리는 각자의 이야기를 들고 우리라는 이야기로 엮어 낸다. 나는 이 순간을 기다려 왔고 아마 다른 사람들도 그럴 거라 생각된다. 우리의 이야기가 온전히 잘 전달되기를 바라 본다.

김조라

일러스트집이자 초단편 소설집 『무등산수박등』을 썼다. 효천로를 지날 때 임암교에 서서 대촌천을 본다.

# 식탁에서


난 그런 관계들에 대해 생각해
당신은 이런 말을 했는데 다른 생각을 하느라
그런 관계들에 대해서는 듣지 못했다
당신은 이런 나를 보고 무심한 사람
이라고 했다
나는 없는 콧수염을 쓰다듬으면서
맨질맨질한 인중을 쭉 잡아당기며
무심한 사람
이라는 말을 따라 말했다

네가 다치면 나도 마음 아파
내가 대꾸했다 그러니까 나는
무심한 사람
이 아니다
건널목을 우르르 건너는 사람들을 보고
파도 같다는 생각도 했는걸 나는
가능한 한 제대로 된 삶을
살고 싶다는 생각도 했는걸 나는

당신은 수박을 사 왔다며 차에서
수박을 꺼내 집으로 가져왔다
커다란 수박이 어찌나 따뜻하던지
얼마나 멀리서부터 싣고 온 것인지
수박 같은 거 여기서도 살 수 있는데
내가 그렇게 말했더니
역시 무심한 사람
이라고 당신이 말했다

우리는 따뜻한 수박을 냉장고에 넣고
시원해지길 기다렸다

# 여자애와 여자애

한 여자애와 다른 여자애가 손을 잡고 길을 걷는다
보도블록 위로 생전 처음 보는 새가 앉았다 날아가고
바람에 날리는 껌 종이와 여자애의 머리카락

여기에서 길을 건너야 해
한 여자애와 다른 여자애는 말바우시장 앞 횡단보도에서
핸드폰도 만지작거리지 않고 얌전히 신호를 기다린다
궁전제과에 가려면 말바우시장 앞에서 길을 건너야 한다

한 여자애와 다른 여자애는 함께 길을 걷고 함께 횡단보도를 건너고
서로의 손을 꽉 잡고 궁전제과에 들어가지만
완전히 다른 생각을 하고 있었다

좋은 건 후져도 좋은 법이지

한 여자애는 그렇게 말하면서 불고기 또띠아를 집는다

난 진짜 같은 건 싫어 진짜가 좋지
불고기 또띠아에는 가짜 불고기가 들어가잖아
다른 여자애는 그렇게 말하면서 카스테라를 집는다

그럼 넌 나비파이도 공룡알도 싫어?

다른 여자애는 대답 없이 코만 훌쩍이다가
자신의 쪼잔해지는 마음이 미워서 어젯밤 꾼 꿈에 대해 생각했다
한 여자애는 다른 여자애가 코를 훌쩍일 때마다
다 마신 주스를 빨대로 빨아들이는 소리 같다고 생각했다

# 행진

1

엊그제 길을 가다 커다란 목련나무를 봤어 하나의 나무에 그렇게 많은 목련이 핀 건 처음 봤어 목련은 정말 싱싱하고 생생해서 질 기미도 보이지 않았는데 새하얀 목련 대가리 하나가 나무 아래 떨어져 있는 거야 그걸 주워다가 내 책상 위에 놔뒀지 꽃잎 한 장을 떼어 테이프로 코팅해서 책갈피를 만들어야지 했어 만들면 너에게도 하나 선물로 줘야지 했지 꽃잎은 여러 장이니까 근데 만드려다 그만뒀어 꽃잎을 가두는 것 같은 기분이 들었거든 끈적하고 납작하게 가둬 놓고 더는 움직이지 못하게 하는 것 같은 기분이 들었거든 그 일이 끔찍하게 느껴졌어

2

우리는 다리 위에 서서 광주천 보는 걸 좋아했잖아 광주천을 보면서 번갈아 노래도 불렀고 어떤 날엔 물이 너무 반짝거려서 돌을 주워다 물에 던지고는 소원을 빈 날도 있었잖아 가만히 있는 물이었다면 반짝이지 않았

을 거야 반짝이더라도 조금이었을 거야 이렇게나 많이 반짝이지는 않았을 거야 나 네가 없는 날에도 혼자 광주천에 가서 물이 흘러가는 걸 엄청나게 많이 봤어 이제는 눈을 감고도 볼 수 있게 됐지 강물은 매번 달라지고 흘러간 강물은 돌아오지 않는다는 걸 알았어 돌아오지 않는 건 돌아오지 않아서 좋지 제자리에 있는 건 제자리에 있어서 좋고 오 년 전에 봤던 나무를 작년에도 보고 엊그제도 본 건 확실히 즐거운 일이야 그래 테이프로 코팅한 꽃잎을 어떤 책 속에 영원히 꽂아 둔다고 해도 나무가 같은 자리에 있는 것과는 다른 일이고 말이야

3

너에게 약도 하나를 그려서 보낼게 거기에서 만나자 만나면 큰 소리로 웃어 줘 마구 손뼉 치고 과장하며 웃어 줘 나 그걸 보면서 깔깔 따라 웃고 싶어 난 엊그제 주운 목련 대가리를 가져가 보여 줄게 같이 광주천을 따라 좀 걷자 흐르는 강물처럼 아니면 행진하는 것처럼 강

물이 흐르는 것도 강물의 행진 같아 우리가 나누는 대화도 행진 같고 밥을 먹고 웃는 것도 행진 같다 우리는 우리를 땅에 파묻지 말고 흐르게 내버려두자 강물처럼 아니면 행진하는 것처럼

## 희망적 관측

저는 사랑하기 위해 태어났어요
어선에 잡힌 빛나는 갈치를 보면서
바닷속 깊은 곳까지 예감할 수 있는 건
갈치를 사랑하기 때문이에요

와그르르 무너지는 이 세계에서도
느긋하게 갈치의 살을 발라 먹을 수 있는 건
무너져 내리는 이 세계를 사랑하기 때문이에요

번갈아 일어나는 가뭄과 홍수를 사랑하고 있어요
파도처럼 몰려오는 폭염과 폭설도요

벚꽃과 매화를 구분할 줄 아는 사람들은
매일 같은 시간에 만나 삼보일배를 하고 있어요
까맣게 익은 버찌를 입에 물고
언제나 슬픈 표정이에요
슬퍼하기 위해 태어난 사람들처럼요

그들이 절을 하며 지나간 길마다 마다
새가 자는 것처럼 누워 있어요
아무 상처도 없이 죽은 새
새의 날개가 새의 몸통을 가지런히 감싸고

저는 그 옆에 가만히 쪼그려 앉아
보드라운 깃털을 만지며
새의 기분을 느끼는 중이에요

저,
죽은 새를 보며 사랑스럽다고 생각하고 있어요

난류에 기뻐하는 갈치 떼가 일순간
배를 뒤집고 해수면 위로 떠오르는 장면을
해발 천 미터의 상공에서 바라본다고 상상해 봐요
끔찍한 모양은 아닐 거예요
오히려
찬란한 모양일 거예요

## 멀리 있는 사람에게
―조라가 현우 아닌 병관에게

미륵산 장군봉의 한 능선에 자리 잡은 사자암은
스님 한 명과 개 한 마리가 있는 고요한 절입니다
사자암 대웅전 앞마당에는 오래된 삼층 석탑이 있어요

미륵산을 오릅니다
느티나무 가지 위에는 어여쁜 둥지가 있고
저 멀리 새 지저귀는 소리가 들려요
이끼 낀 바위를 지나 대나무숲을 헤치고 도착한 곳에는
보란 듯이 삼층 석탑이 있었습니다

오래된 것을 보고 싶었어요 아주 오래된 것을
저는 천천히 탑을 돌면서 그 안을 샅샅이 보았습니다
돌에 묻은 바람과 깨진 곳을 메운 안개와
탑신부에 난 작은 구멍까지 들여다보았으니까요

가까이 더 가까이 깊은 곳까지 보느라

눈알이 빠지는 줄 알았습니다
그 안에는 아주 작은 쪽지가 있었거든요

저는 구멍에서 쪽지를 꺼내는 일에 몰두하느라
아침 이슬이 걷히는 줄도 몰랐어요
마침내 꺼낸 그 쪽지에는 이렇게 적혀 있었습니다

삼층 석탑을 등지고 서서 금마저수지를 보시오

저는 삼층 석탑을 등지고 서서 금마저수지를 보았어요
산을 덮은 상록수 너머 저 멀리 있는 금마저수지를요
부드럽게 휘어지는 저수지의 모양이 한눈에 들어옵니다
그 안에 가득 찬 물이 반짝이고 아름다워요
가까이에서는 보이지 않는 것입니다

멀리 있는 사람에게 이 이야기를 보냅니다

# 작은 동산

오전 여덟 시 반에 일어나고 있다. 평소보다 두 시간 쯤 앞당겨 일어나는 셈인데, 늦잠을 좋아하는 나로서는 기분이 그다지 좋지 않다. 그렇게 새로 생긴 오전 시간에는 일을 더 일찍 시작하기도, 더 정성스럽게 아침을 차려 먹기도, 더 구석구석 깨끗이 씻기도 한다. 그렇다고 해도 두 시간 같은 건 눈 깜짝할 새면 지나가 버리고, 대단히 뭔가를 하기에는 턱없이 부족해 나의 일상은 크게 달라진 것 없이 흐르고 있다.

요즘은 이런저런 일들로 바쁘다. 일이 많은 거야 일이 없는 거에 비하면 문제랄 것도 없지만 그래도 나는 일이 많으면 어쩐지 조금 슬퍼진다. 일을 모두 마치고 샤워를 하러 홀딱 벗고 화장실에 들어가면 벌레가 덕지덕지 붙은 것 같은 표정의 내가 있다. 일상의 대부분을 일로 채우는데도 손바닥을 펼쳐 보면 아무것도 남아 있지 않은 것 같은 기분. 지금 나에게 뭐가 남았지? 자문하면 대답할 게 없다. 이럴 때 잊고 있던 내 집 앞 작은 동산이 떠오른 건, 다른 생각으로 도망치라는 기억의 어떤 배려 같다.

작은 동산을 오른다. 작은 동산인데도 7월의 햇볕을 받으며 산을 오르면 티셔츠가 흠뻑 젖을 만큼 땀이 줄줄 흐르고 발바닥이 뜨거워진다. 습기 가득한 공기에 숨이 턱 막혀 정신이 혼미해지고, 나무고 흙이고 풀이고 꽃이고 눈에 들어오지 않는다. 그저 내가 오르는 이 산이 작은 동산인 것이 얼마나 다행인지 실감하게 될 뿐이다. 얼굴로 달려드는 벌레들을 떼어 내면서 벌레들을 미워하다 보면 작은 동산의 정상에 도착하게 된다. 하지만 너무 뜨겁고 너무 덥고 내 몸에 흐르는 너무 많은 땀 때문에 풍경을 즐길 여유도 없이 어서 하산하고 싶어진다. 발길을 돌려 절반쯤 내려와서야 작은 동산을 뒤덮은 커다란 나무들과 나무에 매달린 잎사귀와 나무에서 떨어진 낙엽들이 보이기 시작한다. 그런 것들을 보면 아무것도 하지 않고도 두 손 가득 무언가를 쥔 기분이 들고 얼굴에 붙은 벌레를 떼어 내면서도 벌레를 미워하지 말자는 마음까지 생긴다.

손에 쥔 것이 달아날까 소중히 감싸 안은 채 도착한 곳은 나의 친구들이 있는 곳. 나는 그곳에서 손바닥을 펼쳐 보이며 내가 쥐고 온 풍경을 자랑한다. 나 이렇게 대단한 걸 보고 왔다고, 너무 아름다워서 깜짝 놀랐다고. 그러면 친구들은 심드렁한 얼굴로 내 이야기를 들어주고 여전히 심드렁한 얼굴로 내가 가져온 풍경을 함께 살펴 주고 별 관심 없다는 표정과는 달리 풍경과 어울리는 예쁜 주머니를 선물해 주고 나중에는 아주 조금 웃은 것도 같다. 나는 그게 좋아서 아니면 내 손바닥 위에 뭐라도 남았다는 게 기뻐서 내가 가진 풍경을 시도 때도 없이 꺼내 보고 집어넣고 다시 꺼내 보고 집어넣고 그런다.

땀으로 범벅이 돼 집에 돌아온 나는 홀딱 벗고 화장실에 서서 얼굴과 몸을 말끔히 씻어 낸다. 오전 열한 시, 무덤처럼 쌓인 일들은 잠깐 미뤄 두고 다시 침대에 눕는다. 누워서는 12인용 승합차를 렌트해 친구들을 몽땅 차에 태우고 작은 동산에 데려가는 상상을 한다. 차 안에는 유부초밥이 담긴 보냉 백도 있다.

김병관

---

시 연재물 「가우시안 블러」를 연재하였다. 자주 헤매는 사람으로, 모든 걸음이 나의 길이 될 거라는 확신이 있다.

## 모두 입에

입에 빨래집게를 물고 있다

어쩌다 보니 늙은 것 같아
거울 앞에서
몸은 외롭게 처져 가네
도요새는 장거리를 가야 하니까

누구도 거짓말을 가르쳐 준 적 없는데도 거짓말을 했던 것처럼
입에 빨래집게를 물고 있다

사회생활 도중
내면은
새똥이 묻은 채 안 닦고 만 유리창
어쩔 수 없어서 사람은 서로 유리창

모두 입에
빨래집게를 물고 터덜터덜 걸어가는 모습이다 귀에

이어폰을 밀어 넣으며 같이 가는데
   길은 왜 집까지 이어지는 것일까

   아름다움을 물고 새가 날아간다 똥을 후드득 싸면서

   에……

   내 말 듣고 있나요

# 둥지가 없고

이 나무를 봐 온 것도 오래된 일이다
빈 둥지가 무너져 내린 날이 떠오른다
이 역시 오래된 일이다

첫째로 품었던 경찰
둘째로 품었던 심리상담사
소싯적 꿈은 어미가 떠난 둥지의 알이었고
곧 온기를 잃었다

주인 없는 둥지에 눈이 가득 쌓였다
해 뜰 날도 있었는데
눈이 많이 내렸다
물기를 머금은 눈과 함께 떨어진 나뭇가지가
부러진 채 봄을 맞았다

생명은 어디로 간 걸까
깨진 껍질의 흔적 속에서 이제야 나뭇가지 하나 주워
본다

둥지가 있었다고는 생각 못 할 나무 아래서
쭉 나뭇가지를 뻗어 보면
하늘을 가를 수도 있었다

오래전
부러졌더라도
꿈을 이룰 수 없었더라도
나뭇가지와 무관하게 구름이 흘러갔더라도

## 각각 또는

현규 댁
천에 덮인 바구니를 들고 있다
시장에 열무를 납품하러 가는 듯하다
바구니에서 물이 뚝뚝 떨어지고 있었다

평소 농담을 주고받는 사이였는데
버스를 기다리는 동안
말이 없었다
오랜만에 버스가 운행되던 날이다*

산이 지나갔다
시장이 지나갔다

햇빛이 드는 쪽에 앉았던 현규 댁
얼굴에 길이 드러나지 않았다
산이 겉으로는 길을 숨기고 있던 것처럼

열무는 천에 덮여 있다

시들지 않기 위해 물을 끼얹은 바구니에서
비릿한 열무의 냄새가 났다
창문을 열어 두었다
다른 걸까

* 계엄군이 철수한 뒤, 5월 22일부터 5월 26일까지 광주는 시민들에 의해 자치적으로 운영되었다. 이 시기에는 가까운 지역에서 광주로 향하는 움직임이 조심스럽게 이어졌고, 그들 각자는 저마다의 사연을 안고 있었다.

# 무량공처*

무량공처천無量空處天**을 이용하여 하늘을 걷는다
같은 반 애들이 뒤에서 낄낄거리는 소리가 들렸다
집으로 돌아갔다

다용도실 한구석에서 어머니는 깨를 털고 계셨다
몽둥이를 들고 두들겨 패니
착실히 깨가 떨어졌다
해가 거대한 눈으로 쳐다보고 있어 구석에도 눈빛이 드리웠다

어머니는 땀을 폭포처럼 흘리며 깨를 털고 계셨다
나는 주머니에서 생수병을 만지작거리다
어머니, 물을 드시겠어요?
땀을 훔치는 어머니가 자랑스레 쳐다보는 것을 느꼈다
오늘도 이긴 것이니?

예, 성적이 좋아 선생님들께 이쁨을 많이 받아요

교우 관계도 좋고요

착실히 깨가 떨어진다

어머니가 물을 드실 때면 솟아오르다 내려가는 목젖을 본다
햇빛도 주머니의 안까지는 들지 않을 것 같다

널브러진 깨를 둘러보며
오늘은 무엇을 도와드리면 될까요? 묻는다
효자가 된다

* 헤아릴 수 없이 공허한 곳.
** 무한한 허공에 머무는 경지.

## 내일 봐 아림
— 병관이 헤아림에게

술에 취하면 노래방을 피뢰침으로 여기는
나의 가난한 욕망은
기차처럼 소리를 지르고 싶거나
정확하게 말을 잇고 싶은 거였어

소리 인간이라 할까
조그마한 연못 옆에 집을 짓고 살아가는 내 꿈

한 겹의 소리가 쌓이자 파충류가 알을 낳기 시작했다
열심히 쫓아다니며 주워 보던 날도 있었다
금방 손이 무거워졌다

어느덧 탑처럼 쌓인 알들 속이야
굳이 말을 잇지 않아도 나는 홀로 중얼거리며
이상하지
누군가에게 건네는 말을 연습했다는 것은

첩첩산중으로 쌓인 알들 속에서 틈으로만 세상을

봤다

  너를 처음 본 게 그쯤이었나
  너는 외발 전동 휠을 타는 것처럼 알을 타고 가더라
  어깨엔 반려동물처럼 파충류를 올려 두고
  고통을 시도 때도 없이 낳던 모습이 거긴 없다니

  이상했어
  누군가는 이토록 쉬이 원망하며 알 속에 갇혀 버리는데도
  아림, 너는 단 한 번도 힘들다 얘기한 적 없었지

  알 탑에 살던 나는 햇살 아래 서 있던 너와 얘기하는 게 좋았다

  내 꿈은 이뤄질 수 있을까?
  조그마한 연못 옆에 집을 짓고 살아가는 내 꿈

내일 봐,
그런 말은 소리를 지른 것도 정확하게 말을 이은 것도
아니었지

# 단속반

이니바 이비치아(행위 예술가 겸 주짓수 트레이너)는 자신의 인식을 실험하기 위해 고온다습한 태국 거리를 82일간 활보했다. 숨 막히는 더위 속에서 무엇을 생각해 낼 수 있을까? 기록을 위해 가져간 준비물은 세 개의 미니 수첩(105x148mm)과 잘 깎인 연필 한 다스다. 밥은 팟타이나 카오팟을 테이크아웃하여 적당히 빈 거리에 앉아 먹었는데, 인식 실험에 앞서 그는 한 가지 규칙을 정하게 된다. 저번 메뉴가 팟타이였다면 다음 메뉴는 카오팟. 이런 식으로. (신체가 지루함을 느끼지 않을 정도의 단조로움을 통해 즐거움의 요소를 하나 더 뺀 것이다) 물을 사기 위해 편의점에 들어갈 때면 눈살을 찌푸리는 이들을 눈에 담을 수 있었다. 그는 에어컨 바람을 쐴 수 있는 모멸의 시간(하지만 정신이 유일하게 회복되는)이 좋았다.

82일간 거리에서 먹고 자는 생활은 어떤 인상으로 남았을까? 훗날 햇볕이 온순하게 드는 자신의 작업실에서 그는 오묘함을 느끼게 되는데 메모들이 마치 어떤 익숙한 구조를 부수는 철거업자들처럼 보여서였다. 가령, '고

생을 위한 산딸기 먹기', '고부의 어머니와 마침내 호숫가에서 헤어짐'과 같이 어딘가 미묘하게 뒤틀린 표현들. 물론 압도적으로 많았던 메모는 찰진 욕설(Fuxk, Fuxk, Fuxk)이었지만 말이다. 그는 에세이 『고립의 분자』에서 이에 대한 소회를 밝히기도 한다. 나는 내가 설정한 룰의 공간 혹은 죽음에 길들여지는 시간 속에서, 잠시 세상을 벗어난 것만 같은 이상한 해방감을 느꼈다. 거리에서 나는 거의 신의 반대였다. 누구에게나 안쓰러운 눈초리를 받게 되는. 하지만 그만큼 숨겨진 무의식을 바라볼 수 있었다. 익숙함은 우리를 어떻게 단속하는가? 그의 문장을 이어받아 대답해 보자면 익숙함은 우리를 뼈저리게 단속한다. 구조는 그러한 노동력으로 만들어지는 것이다. 이번 에세이(공통점에 관한)를 쓰기에 앞서 이니바 이비치아의 인식 실험이 떠오른 건 왜일까?

공통점 1호가 세상에 나왔을 때. 들판에 책을 놓아두며 어떻게든 더 예쁘게 사진을 찍으려 했던 모습이 떠오른다. 아무 기획도 없이 단순히 홍보 영상을 찍어 보면 좋을 것 같아 카메라를 들고 뜨거운 낮을 걸었던 기억이 떠오른다. 그때의 열정은 어떤 두근거림으로 가득했다. 싸우기도 열심히 싸웠던 시간. 지금의 나를 떠올리면 그립다는 생각이 들기도 한다. 지금의 나는 어쩐지

열의가 없으니까. 더는 뭔가가 새롭게 느껴지지 않으니까. 세월은 무엇을 건축하고 무엇을 흐르게 놔두었나. 익숙함은 스택일까?

여기 창문 앞에 돌을 쥐고 서 있는\*

마음이 있다.

이 이미지에는 환상이 없다.\*\*

구조를 무너뜨리는 철거업자들을 떠올리려다 시를 쓰고 있는 마음을 떠올렸다. 어쩐지 비슷해 보인다……. 처음 타오르던 느낌은 사그라들고 그저 해 나가고 있는 것만 같은. 매일 아침 공통점 발주를 무표정으로 체크하는 것과 매일 한 시간 정도 키보드를 두들기며 시를 쓰는 마음은 뭐가 다른 걸까. 아마 열정은 돌아오지 않을 것이다. 익숙함이 계속해서 단속할 것이다. 하루는 내게 이런 것을 선물해 주곤, 그것은 아무것도 아니라고 속삭이곤 한다. 섬망의 다른 말을 그리움이라 한다면, 여기서 더 무엇을 그리워할 수 있을까?

---

\* 임승유, 「구조와 성질」, 『아이를 낳았지 나 갖고는 부족할까 봐』, 문학과지성사, 2015.

\*\* 성다영, 「사랑의 에피파니」, 『스킨스카이』, 봄날의책, 2022.

신혜아림

문화기획 일을 한다. 요즘은 걷는 일로 마음을 다잡는다.

# 순진한 건 우리였고

어긋난 줄도 모르고
무수한 장면들을 떼었다 붙이면서
우리는 모던에 대해 말한다

당신은 테이블의 무늬와
꽃의 향기
디테일을 생각하고

나는 반듯하게 배치된 가구와
꽃의 절단면을 생각한다

우리 둘 사이
그런 구조로 설계한다
그런 장면들을 쌓는다
무너진다

그리고 이렇게 화창한 날에도
사람은 떠난다는 걸

문득 깨닫는다

화장터에는 운구차들이 줄지어 서 있고
차례를 기다리는 시신들과
자판기 앞에서 말없이 커피를 뽑는 형제들

반듯하게 놓인 국화꽃과는 반대로
우리는 얼마나 어긋나는지

그리고 여전히
살아 있겠다는 듯
모던을 말하고 있다

순진한 건 우리였고

떠난 자들은 부질없이
관의 단면을 따라
영원히 걸어가겠지

화창한 날
모든 것이 조용히 흔들린다
알 수 없는 구조로 뒤틀린 장면들만 남아 있다

# 옛 노래

주위들은 옛 노래를
그냥 흥얼거리기 아쉬워
나는 이 취기와 통성명이라도 해야 하는 것이다

옛 노래는 가사가 좋더라
누가 말했었는데
나는 통용되지 않는 망국의 화폐를 흔들며
어렴풋이 기억나는 가사를 읊조리고 있다

어쩌면 우린 이미 사라져 버린
흔적뿐이었을지도 몰라

내 것인 줄 알았던 모든 사랑이
수많은 전생을 지내고 여기에 있다

살지 않아도 살아진 것 같은 시간이 있다
나의 일기라 믿으며 받아들였던
수많은 가사들

너의 일부라 착각하며 자라 왔던
뼛조각들
몸의 내부를 파고들어 환상통처럼 층층이 쌓여 있었다

케케묵은 일기장엔
2002년 월드컵
엽기토끼
초딩
담탱이

오래된 후회를 태우고 남은 매연 같은 것
내 생을 또 다른 누군가와 함께 살고 있다
목에 걸린 기억 하나 때문에
나는 자꾸 과거를 침 삼키듯 넘기고 있다

거리에는 누군가의 전생이었던 것들이
흔적처럼 남아 있다

조용히 퇴적물처럼 남아
지나가는 발자국 속에서
한 사람의 결정을 읽으려 할 것이다

흥얼거림의 연속
가사가 비처럼 흐리다

목에 못 보던 깃 하나가 자란다면
그건 울음 한 줄기가 파고 들어간 흔적 기관이라는 거

태초보다 울음이 먼저 아파했다

# 있는 사람

어느 날은 화구통 속 도화지처럼 달그락거려 본다
아무 의미 없이 주머니에 손을 찔러 넣고
무언가 있어 보이게 주머니를 흔들며 거릴 걷는다

그때 죽은 사람을 생각하며

사람들은 웃고
나는 참여할 수 있다

쪼그리고 앉아 개미들의 행렬을 지켜본다
오리배를 뒤따르는 오리처럼
그 행위는 쓸데없지만 무언가 있어 보이게 하고

죽은 친구를 집으로 옮기는 개미들
죽은 친구는 의미 없이 옮겨지며
집으로 돌아가고 있다

나는 이제 집에 가야지

무언가를 쥔 사람처럼
털레털레 손을 흔들며

분명 빈손인데
빈손을 흔들면 덜그럭 소리가 난다

살아 있는 것만으로도
나는 의지가 생긴다
집에서 똥을 눈다거나 신발 끈을 묶을 수 있다
그리고 왠지 죽은 사람이 슬프지 않다

빈손으로 가지고 온 것들을 내려놓고
멀리서 그것을 바라보면
다시 태어나고 싶어진다

세상은 참, 밝다
밝아서 그림자가 있고
나는 무언갈 꺼내려는 사람처럼

빈 주머니를 뒤져 본다

사람이 태어난다

## 미완성 시대


식물원에 다녀온 후
빙하기가 왔다

사막에 눈이 내렸고
체온을 빼앗긴 사람들은
곰 가죽을 뒤집어쓴 채
선인장처럼 겨울잠을 잤다

입술이 점점 얼어붙어서
식물에게 온도를 빌려 썼다
시들지 않을 만큼
정확한 온도로 나눴는데
식물은 더 이상 자라지 않았다

식물의 온도를 가진 나의 머리 위로
물방울이 떨어졌다
마지막 남은 나무에게 물을 주듯
누군가 아주 조용히 물조리개를 기울였다

나는 눈을 감았고
끝이라는 건
이렇게 살아 있는 채로 멈추는 거구나

선인장의 온도를 훔쳐 파는 사람들
그들은 아주 오랜 시간이 지나서야
나의 동상凍傷을
침묵을
이해할 것이다

여분으로 남겨 둔 온도를
베란다 밖으로 버리면서
내게 도달하지 못한
지구 반대편의 체온을 생각했다

# 돌고개역
— 헤아림이 가영에게


늦지 않게 돌고개역에서 만나

그게 우리 둘 사이
처음 나눈 말이어도
별로 이상할 게 없었습니다

바람이 불었던 것처럼
당신의 모습을
조금 스쳐 가는데
기억이 나

나는 당신을
아는 사람처럼 소개했습니다

당신은
현실을 살았고
어딘가 숨어 있었던 사람처럼
불쑥

오랜만이네, 하고 말했습니다

오랜만에 당신은
나를 아는 사람처럼

그간의 생활에 대해
생활을 관찰하는 슬픔에 대해
그걸 버티던 두 다리도
두고 왔다고

쓰러지지 않으려 심은 식물이
아주 조용히
자라고 있다고 했습니다

돌고개역은 오래됐고
우리는 더 오래된 기물처럼
비슷하게 그 자리에 앉아 있습니다

기차가 돌고개역을 지납니다
아무것도 약속하지 않았습니다

알았던 사람처럼
말하게 되는데

당신과 상관없는
오래된 기억들만
중얼거리게 됩니다

# 공통-점 공-통점


 처음 만난 사람들 사이에서 어색한 공기가 흐를 때, 사람들은 자주 공통점을 찾는다. 혈액형을 묻거나, MBTI를 물어보거나, 요즘 뜨는 넷플릭스 시리즈 얘기를 꺼낸다거나. 모두가 아는 이야기, 모두가 아는 방식으로 어색함을 떨쳐 보려 한다. 그럴 때 "우리 공통점 많다"는 말은 마치 준비된 대사처럼 튀어나온다. 큰 의미가 있다기보다는 특별한 무언가를 나누기엔 이르지만 그래도 뭔가는 나눠야 할 것 같은 느낌적인 느낌이 들 때 공통점이라는 단어는 그런 순간에 가장 많이 호출된다. 특별하지는 않지만 그만큼 실패하지 않는 안전한 관계의 접속 방식이다.

 그런데 가만히 생각해 보면 '공통점'이라는 말은 그 안에 두 겹의 감각을 품고 있다. 우리가 흔히 쓰는 의미 공통-점共通點은 둘 이상의 사람들 사이에 공통적으로 존재하는 무언가를 뜻한다. 좋아하는 음악이 같다거나, 같은 유튜브 채널을 구독한다거나, 고양이를 키운다거나 하는 것들, 이런 공통점은 처음 만난 사이에 살짝 놓아 두는 작은 조약돌 같다. 무거운 건 아니지만 그 위에 잠깐 마음을 얹어 볼 수는 있다.

그리고 또 하나의 감각이 있다. 나는 이 단어 안에 공-통점共痛點, 그러니까 같은 아픔을 공유하는 지점을 느낀다. 비슷한 슬픔을 겪었다거나, 같은 종류의 무력감을 안고 살아간다는 어떤 감정의 닮음. 이것은 단순한 분위기 전환의 이야기가 아니라 한층 더 깊은 내면의 층위를 감지하는 방식이다. 겉모습은 다르지만 우리는 아픈 자리를 서로 알아본다.

'공통점'이라는 말이 내게 특별하게 다가오는 이유는 아마도 이 두 층의 감각이 동시에 존재하기 때문일 것이다. 단어 하나가 두 가지 방향으로 흔들리며 때로는 사람을 가볍게 엮고 또 어떤 날에는 뿌리처럼 깊이 서로의 삶을 단단히 붙든다. 처음엔 '공통점'이라는 이름이 그냥 무난하다고만 생각했는데, 지금은 그 안에 우리가 겹겹이 쌓아 온 감정의 결이 조용히 들어앉아 있다는 걸 안다. 우리는 닮아서 가까워진 것이 아니다. 서로의 다름을 참을 수 있을 만큼 비슷하게 아팠던 사람들이라는 것, 이제는 조금 알 것 같다.

내가 대표가 된 이유도 별건 없다. 다른 친구들은 직장에 다니고 있었고 마침 나만 시간이 많았다. 그러니까 그냥 백수였다는 뜻이다. 처음엔 별생각 없이 시작했는데 '대표'라는 단어가 주는 쓸데없는 책임감 같은 게 은근히 있었다. 누가 누굴 챙기는 건지도 모르겠는데, 괜히 그런 생각이 들었다.

하지만 다행스럽게도 이 모임에서 내 책임감은 호들갑이었다. 각자의 삶이 바쁜 와중에도 모임은 계속 이어졌다. 꾸준히 하지 않아도 어떻게든 유지되었다. 우리는 이상하게 오래갔다. 나이도, 직업도, 사는 지역도 다 다른 사람들이 굳이 모여 글을 쓴다는 것. 굳이 읽고, 굳이 써 오고, 굳이 감정의 결을 들여다본다는 것. 이런 '굳이'들이 쌓여 만들어진 작은 공통분모. 우리는 이상하게 지금까지 이렇게 공통점을 유지하고 있다.

나는 공통점이 엄청 대단한 단체라고는 생각하지 않는다. 다만, 여기서 글을 쓰고 글을 읽고 누군가의 통점을 잠시 들여다보게 한다는 점에서 공통점을 대하는 태도는 언제나 진지할 수밖에 없다. 그게 삶에 무슨 도움이 되냐고 묻는다면 사실 별로 없다고 말할 수도 있다. 하지만 어떤 글은 내 마음을 조금 가볍게 하고, 누군가의 문장은 나를 잠시 멈춰 세운다. 그 정도면 충분하다. 나 아닌 타인의 문장을 읽고 '아, 나도 이런 기분을 가진 적이 있었지'라고 생각하게 되는 순간 우리는 서로의 공-통점이 된다.

공통점이라는 이름에는 그런 의미가 녹아 있다. 우리는 셀 수 없이 많은 차이점 속에서 단 하나의 통점을 공유한다. 그건 거창한 철학이나 의미 부여가 아니라 그저 글을 쓴다는 사실 하나다. 시를 쓰고, 시를 읽고, 때로는 아무것도 쓰지 않은 채 모이는 것. 그 모든 게 우리 사이의 느슨한 연대를 가능하게 한다. 어떤 날은 자신의 글에 조용히 아픔을 적어 본다. 그 아픔을 나눌 수 있는 사람이 곁에 있다는 사실로도 위로가 된다. 그런 위로 몇 개면, 꽤 오래 걸어갈 수도 있다.

# 장가영

---

두산갤러리 전시 〈사적인 노래 I〉 협력 큐레이터로 참여했다.
미공개 시가 많다.

# 남산 오르기

언제나 늦게 도착하는 무릎…
네가 달릴 때 너에게서는 무릎밖에 안 보인다
빛을 모았다가 일순간에 소멸해 버린
작은 행성처럼 반들거리는

늦어서 혼쭐을 내 주고 싶다
그렇지만 증거는?
무릎이 늦고
내가 기다리다가
코끝이 얼어 버렸다는 증거는
내 코끝에만 있는데…

내 코끝을 봐 줘
아직 젊구나

그 말을 듣자마자 화나서 등이 굽었다

네가 등이 굽어 버린 나를 업고

남산을 오른다

풍경은 너무 검어서 우리는 다음 발자국에만 집중한다

춥니?
맨 위에서 우리 아빠 묻힌 곳 보여 줄게

너와 나의 아빠는 모두 죽어서 서울 한복판에 묻혔고
너도 나도 아빠를 아빠라고 불렀기 때문에

훗날 아무리 반복하여 떠올려도
너와 나의 대사를 구분할 수 없다

나 사투리 다 까먹었다

그 뒤로 시원한 웃음이 오르막을 올랐다가 내려오는

찰나가
  영원처럼 반복된다

  맞은편에서 둘레길을 순환하는 버스가
  뱀처럼 미끄러져 내려온다

  헤드라이트 불빛이 우리를 깨물듯 통과할 때
  너의 무릎에서 모래 행성이 진동하는 소리가 나고

  검은 풍경 위로
  무대 장치처럼 눈송이가 서서히 흩날리기 시작한다

  나 운동 그만두려고

  훗날 내 기억에서는
  포개진 우리 위로 스포트라이트가
  아낌없이 쏟아진다

입을 다물고 숨을 고르며
길이 점점 더 가팔라진다는 것을 깨달을 무렵

표지판 없는 갈림길이 나타난다
어디로 가야 아빠가 보이는지 고민한다

그는 무릎이 다 닳기도 전에 죽었지
어쩌면 우리가 너무 오래 살았을지도 모른다
내 등은 사실 슬펐을지도 모른다

겨울의 나뭇가지들은 점점 더 곧아지는데

여기까지 굴절하는 빛이 결코 없었다는 걸
훗날 깨닫게 될 때까지

나는 우는 법이 없었고

네가 수술대 위에 누워 아낌없이 받은 그 빛과

네 숨이 들어차는 둥근 풍경이
하나의 행성이 될 때까지

나는 의자에서 굽은 등으로 기다렸다

다음 장면에서
너를 둘러싼 모든 이들이
너의 무릎 너의 어깨 너의 왼뺨을 붙잡고 울었지만

너는 우는 법 없었다

창밖의 나뭇가지들이 시원하게 뻗어 나간 것이 퍽 맘에 들었다고 했다

## 소란


어쩌면 쭈뼛거리는 것은 나일 수도 있다

딸기를 심은 곳에서 딸기가 나길 바라는 것이 잘못일 수 있다
딸기를 심은 곳에 딸기가 나지 않을 가능성도 있다는 것을
딸기를 심고 한참이나 기다린 후에 알게 되었다

맞은편 폐건물을 거쳐서
발생하는 낙뢰

사선으로
사선으로

나는 창문으로 낙뢰를 지켜보고 있었다
눈부심…

그때 이후로 자주 번쩍이는 꿈을 꾼다

밤낮 상관없이
파도가 나를 겨울처럼 감싸고
나는 파도의 일렁이는 면을 지켜본다
그 위로 낙뢰가 파도를 꿰뚫는다

어쩌면 그때부터일 수도 있다

비가 내린다고 했다
가뭄에 비라니
뉴스가 떠들썩했다

내가 바라보는 세상은 고요하지만
어디라도 소란스럽다는 것은
좋은 일이다

무언가 심어도 고요하다는 것
고요가 아무것도 아니라는 것
아무것도 아닌 게 아무것도 아닌 것의 전부라는 것

어쩌면 비가 내리지 않을 수도 있다

창문 앞에 서서 먹구름이 덮은 거리를 지켜본다

그림자가 드리운 낮은 건물과
서두르거나 서두르지 않는 사람
화단과 쓰레기통을 가리지 않고 코를 박아 대는 개
감춰지는 좌판들

괜찮니?
아무렇지도 않게
안부 묻는 사람을 떠올리면

젖은 흙에서
돋아난 새싹을 발견했다

# 일어난 일

눈꺼풀은 점점 얇아집니다
친구는 그런 슬픔도 받아들여야 한다고 했습니다

무덥지도 않은데 구더기는 너무 쉽게 생겼습니다
어째서 손톱 밑으로 송곳을 넣는지는 알 수 없어도
고통은 알 수 있었습니다

온몸… 온몸…
고통을 통해 삶을 처절하게 깨우치는 방식은 수만 개였습니다
수만 개의 창의성은 대체 어떤 나무에서 뻗어 나온 가지입니까

나는 선한 뿌리에 대한 믿음을 놓치고 싶지 않았습니다
주먹을 꼭 쥐고 무릎 사이를 벌리지 않으면
머리 위로 곤봉 세례가 쏟아졌습니다

입술 사이로 들어온
삶은 짜고 비린 맛입니다
이제는 그런 맛에 익숙해져야 한다고 친구가 말했습니다

고통만큼 말 또한 휘발되지 않습니다

그들이 얻고자 한 것은 무엇입니까
그들은 그저 짜고 비린 맛 없이는 살 수 없는 사람이었을지도 모릅니다

이해… 이해…
이제 나는 이해 없이 살 수 없습니다
어째서 파도가 바다의 일부입니까
알 수 없어도
나를 집어삼키는 파도 앞에서 시간을 거슬러 올라갈 수는 없는 법입니다

내가 걸어온 시간의 길은
나를 모르는 사람들이 나를 모른다고 해도 일어난 일입니다

## 인과

똑바로 바라보려 한다
아스팔트

지면에 놓은 고무 신발이 녹을 때까지 걸리는 시간을

화성 이주 계획을 실현하려는 기업의 주식을 사는 것 말고
내가 할 수 있는 게 무엇인지 생각해 본다

그렇지만
사고 싶고
버리고 싶고
눈 돌아가는 것들은 아주 많다

에어컨 바람 아래 누우면
오소소 돋는 소름

죄책감도 없이 바라보는 나를

바라보려 한다

바라보기 이후에 무엇이 등장하고
무엇의 등장에 무엇을 해야 할지 모르는 채로

발끝부터 무너지면
정수리에 도달할 때까지
눈치채지 못할 수도

그렇지만 페트병에 든 생수의 편리함은
포기가 되지 않습니다

이 모든 것이 필연적으로 함께 녹아 가는

내일을 장담하지 못하는 오늘

## 자조 모임
— 가영이 서영에게

입장하였더니 빈방. 환대는 내 몫이 된다. 선택하자. 선택하는 거야. 비장하게 미간을 구기고 있는데 네가 입장했다. 내 각오가 우습게도 너는 가지런하게 웃으며 내 이름을 불렀다. 조그만 팡파르가 터진다. 아이 참. 제 이름은 그게 맞아요. 우리 같은 끝을 공유하고 있네요. 아이 참. 이런 우연이 있으면 옥수수밭에 놓인 것 같아요. 왜 그 시절에는 영이라는 글자를 그렇게 넣었을까요. 부드럽기 그지없으니까. 부드러우면 무엇이든 녹일 수 있잖아요. 아이 참. 이거 받아요. 뭐예요? 옥수수밭에서 따온 단단한 옥수수. 알이 가득 차 있어요. 단물도 나올 거예요.

우리는 둥그렇게 모여서,
그 말… 그 말을 듣고 있는 거야. 서글픈 사람들이 웃어서 웃기다.

이번에는 술을 한 잔씩만 마셨어요. (짝짝짝)
통각이 조금 마비된 듯합니다. (짝짝짝)

손톱을 보고 자르겠다는 생각만 하고 자르지 않았어요. (짝짝짝)

남해에 한 번도 안 가봤는데. 그동안 남해에 관한 시를 엄청 썼거든요. 이제 그 짓을 그만뒀어요. (짝짝짝)

다리가 달달 떨릴 때쯤 너는 내가 준 옥수수를 가만히 바라본다.

저는 부드러우면서도 단 사람이라고 생각했어요. 생각해 보니 그것은 유해 물질 같기도 하더라고요. 그럼 저는 이제 뭐가 되어야 할까요? (…)

둥그렇게 모인 사람들은 아무도 박수 치지 못했다. 섣부른 대답은 유해해지기 십상이니까. 그걸 아는 사람들이 모인 곳은 역시나 서글프다.

한편 맞은편 극장에서는 파블로 피쇼네코의 특별전이 상영되고 있었다. 옥수수밭에서 펼쳐지는 묵상이랄까. 마지막 쇼트에서 갓 딴 옥수수를 클로즈업하며 끝이 난다. 여기서 단단히 물러 버린 한 알을 찾아보시오.

영아, 너 그냥 하고 싶은 거 해.
지옥행이 따로 있는 거 아니더라.

## 네가 있는 광주

 가끔 네 꿈을 꾼다. 어떤 때는 초록 머리를 하고 나오기도 했고 어떤 때는 내게 화를 내기도 했다. 어떤 때는 학교에서 일어난 살인 사건의 범인을 알려 주기도 했다. 또 어떤 때는 젖은 몸으로 밥을 먹으러 가자고 했었다. 너는 젖은 몸, 나는 마른 몸으로 아지랑이가 피는 도로를 걸어 어느 복도식 아파트에 들어가 네가 아는 선생님의 집 초인종을 눌렀다. 밥을 달라고. 우리 같이 마주 보며 밥 먹을 수 있을 때 더 맛있는 것을 많이 먹을걸. 이제와 생각한다.
 네가 죽기 전에도 나는 네 꿈을 종종 꿨다. 너의 고향에서 산책하기도 하고, 네가 다니던 학교에서 같이 담배 피우기도 하는 꿈을. 너도 내 꿈을 꿨다고 말했다. 우리는 서로의 꿈에서 서로를 어떻게 바라보고 있는지 짐작할 수 있기도 했다. 나는 네가 나를 언니라고 부르며 쉴 새 없이 종알거리는 게 좋았다. 어찌나 하고 싶은 것, 해 왔던 것이 많았는지. 네가 짧은 시간에 쌓아 온 이야기들을 들으면 그 자유로움, 용기, 대범함이 놀랍고 신비했다. 어느 날은 네가 써 온 시를 읽고 너에게 몰래 반해서

한동안 내 애인에게 너의 이야기만 했다.

마지막 통화에서 우리는 함께 울었다. 세상이 나한테 죽으라고 하는 것 같아요. 네가 말했다. 아니야, 아니야, 죽지 마, 그래도 살자. 나는 그렇게 말했지만 사실 그때 나도 같은 생각을 하고 있었다. 세상이 나를 너무 폭력적으로 대한다고 생각했다. 자꾸 나를 때리고 짓밟으면서 고통을 준다고, 나는 벌을 받기 위해 태어났다고 생각했다.

그래도 우리 함께 버텨 보자, 그런 말을 해 줬어야 했는데 차마 그렇게 말하지 못했다. 고통을 받는 나와 너는 혼자일 수밖에 없다고 생각해서. 너의 고통을 내가 대신 받을 수 없고 나의 고통을 네가 대신 받을 수 없다고 생각했으니까. 하지만 이제 와 생각한다. 내가 너 있는 곳으로 갈게, 일단 갈게, 그렇게 말할걸. 그렇게 할걸. 그러면 무언가 유예됐을까? 우리는 고통받는 우리로 버티면서 지금도 같이 시를 쓰고 있을까?

광주에서 태어난 너는 광주를 좋아했다. 서울로 학교를 왔지만 졸업 후에는 광주에 다시 돌아갈 거라고 말했다. 나는 네가 있는 광주에 한 번쯤 놀러 가 너의 공간을 살펴보았을 것이다. 너의 취향과 사색이 담긴 공간을 보면서 너의 웃음소리를 듣고 끊임없이 이어지는 실타래 같은 너의 이야기를 들었을 것이다. 네가 내려 주는 커피와 네가 직접 만든 샌드위치를 먹으면서. 너의 고양이들을 쓰다듬고 눈을 맞추면서.

 공통점에서 서로의 시를 나눌 때 공통점의 사람들은 시 안에서 화자가 지닌 작은 지옥을 발견한다. 섣부른 위로나 조언 없이 어떤 지옥이 있다는 것을 알아채고, 그 지옥이 어떻게 보이는지 말한다. 그때마다 나는 아무에게도 말할 수 없었던 이 지긋한 고통, 사소하고 작지만 지겹고 끈질긴 이 고통이 발견되었다는 사실에 이상한 위로와 해방감을 얻는다. 잠시나마 빗장이 풀리고 창살이 허물어진다. 다른 이의 시를 본다는 것은, 시가 잘 나아갈 수 있는 방향을 말해 주기에 앞서 이 시를 썼어야만 했던 시인의 마음, 그 시인이 투영된 화자의 외침을 발견하는 것이라는 걸 공통점을 통해 알았다.

 시를 쓰는 것보다, 시를 쓰면 화자가 지닌 지옥을 알아봐 주는 사람들이 있다는 게 좋았다. 나도 몰랐던 화자의 고통을 섬세하게 짚어 주는 말들이 좋았다. 모두가 각자의 고통을 감내하는 시간 속에서도 나의 고통이 아닌 타인의 고통을 정확하게 바라볼 수 있는 공통점 안에서 나도 이제는 조금 달라졌다.

 그리고 그때는 차마 하지 못했던 말도 이젠 할 수 있

을 것 같다. 아주 정확한 것은 아니지만, 아주 따뜻한 것도 아니고, 아주 오래도 아니지만 우리는 우리일 수 있다고. 나와 너인 동시에 우리일 수 있는 순간이 있고, 우리가 우리면 더 살아가 볼 수 있는 하루가 계속 생겨난다고. 그러니 시를 쓰자. 네가 쓴 시를 읽을게. 시 안에 무성하게 피어 있는 고통을 읽어 볼게. 그것들이 만든 슬프고 아름다운 정원을 걸을게. 그러니 우리 살아서 시를 쓰자. 한참이나 늦었지만, 이제는 그렇게 말할 수 있을 것 같다.

이서영

시 산문집 『네가 이 세상의 후렴이 될 때』를 썼다. 떠나고 머물고 돌아오는 말들 안에서 행복하고자 한다.

# 낯선 양식

  네 잠이 구체적인 묘석이 되어 갈 때
  나는 비로소 삶의 조도를 올리는 법을 익히고자 했다……. 그러므로 얼어붙은 트라우마의 강 위를 거닐게 된 것은 자연스러운 일이었다 저 끝에 말들의 잠이 있으므로

  우리가 끝말잇기로 이어 가던 말들의 여림을
  새까만 껍질을 벗겨 내고서야 만날 수 있는 초록을 믿어 보는 것은

  자꾸 이어져 가는 술어들과 닮아 있고, 그래서 끝나지 않는 일기가 되어 간다고
  데굴데굴 굴러가는 세상의 일들 안에서

  미소와 슬픔과 잠, 그리고 두려움이
  가슴 안에 꽁꽁 얼어붙은 새장을 만들었다
  빈 새장은 혼자서
  자꾸 얼어붙고 녹아내리기를 반복했다

다만 그곳엔 아직 어떤 새도 깃들지는 않았다, 하지만 나는 이 양식이야말로
　새장이라고 명명하는 것이 가장 자연스럽다고 여겼다

　무엇이 자연인가?
　이 질문 안에서 피 흘리는 일

　모두의 잠이 깃들 수 있는 객실과 호텔
　무엇인가 깨지는 소리가 들릴 때마다
　답변하듯이 흔들리는 심장이 숲이 되어 가고

　낡은 침대에 누워 있던 잠 하나가
　눈을 뜨고
　가슴에 성호를 긋는다
　길을 열고 또 닫듯이

## 여름 환영

뭉치고
뻗어 가고
어느 날에 기꺼이 해산하듯이

우리는 무엇이든
어떻게든

문학제에는 죽은 이들의 잠이 아우르는 침묵과
소나기처럼 쏟아지는 구체성이 동시에 필요했습니다

살아 있는 인파 사이로
누군가의 잠이 낱장이 되어 떨어집니다
다만 너무 고요하게 떨어지는 바람에 아무도 그것을 눈치채지 못했습니다

지상으로 향해 펄럭거리며 날아가는
한 장 한 장의 잠

오늘은 흐느끼거나 움켜쥐는 것 대신에
새로운 방식을 터득하기 좋은 밤입니다

우리는 호수를 건너와 이곳에 합류했습니다

이제부터 무엇이 시작될까요

분명 이곳에서도 사랑이
슬픔과 들뜸이
마음의 일들이

무한한 뜰이 되어 펼쳐집니다

문득 내 손가락이 시대에 거꾸로 매달린 불꽃처럼 보입니다

먼 하늘에서는 폭죽이 터지고
창가에 매달아 둔 풍경이 흔들리고

나는 이 모든 징조가 마음에 듭니다

## 플로리스트의 뜰


  창문이 아니라 창문 밖에서 우글거리고 있는 것들을 봅니다 빛처럼 음악처럼 일렁이다가,
    깜박깜박 박자에 맞춰 점멸하다가, 빳빳이 곤두선 채로 부지런히 입술을 여닫고 있는 몸들입니다

  밤새 앓아 온 열 때문에 벗겨진 입술을 가진 사람이
긴 사연을 말하기 위해 내 앞으로 다가와 앉는 오후
대화는 피부 위에 문양처럼 옮겨 와 앉습니다
돌처럼 고요한 말들은 고요한 대로 무겁습니다

  당신은 눈꺼풀을 느리게 껌벅이고
우린 점차 덫에 가까워지는데
톱니처럼 서로 맞물린 시간 속에는
잘린 새끼손가락이 뒹구는 평원이 있습니다

  세계에서 끝난 약속들이 모여 있는 그곳을
붉게 젖어 들다가 단숨에 솟구치는 그 땅을
뜰이라고 불러 봐도 될까요

네가 허락한다면

나는 한 무더기의 잠을 헤치고 씩씩하게 걸어가
움켜쥐고 싶은 손을 찾아 헤맬 것입니다
복종 없이 천진한 얼굴을 들여다볼 것입니다

그럼 뿌리는 몸을 뚫고 나갈 경로를 모색하겠지요
안쪽의 어두움과 바깥의 밝음을 동시에 탐내겠지요

시도하겠지요, 명확한 일인칭으로 피어오르는 방식을
빛과 피를 교환하는 방법을

정말 이상한 일입니다
잘려 나간 자리에 나의 세계가 있는데

멀리서 유리 깨지는 소리만 들려옵니다

## 가족 앨범

산이 아닌 곳에서 산을 찾고
친구가 없는 곳에서 친구를 찾는다
낮을 뒤집으며 밤을 찾는다

그럼 친구가 산을 타고 내려올 것이라는 낙관이 생겨난다
미처 편지가 되지 못한 말들은
음지에서도 양지에서도 죽지 못했고

살갗 위로 솜털처럼 돋아났다
부드럽고 투명하게

그러다 보면 생각의 동산
가장 먼 곳을 향해 새들이 날아간다
모든 기척 안에서 하루를 가두는 것이 날씨의 일이었다

모든 순진함이 결국 날씨가 되었다

이제 코트를 여미고 너와 걷고 싶다

그 어떤 밀실로도 가둘 수 없고
얼어붙은 도구로도 깰 수 없는 질문이 되고 싶다

오늘은 두꺼운 앨범을 들여다보며

먼 곳으로 가 버린 풍경과
아직 우리 곁을 지키고 있는 사람들을 헤아려 보기로 했다

무덤이 떠내려가듯이
약속들마저 사진에게서 떠나갈 때면

피부는 남겨진 이야기의 표지가 될 것이다

표지는 어떤 문이 될 수 있는가

열어젖힐 수 있는가

사방으로 흩어진 낮과 밤을 기워 내려고
온갖 말들을 주워 왔지만

아직 부모가 주어인 시를 쓰지 못했다

## 불가능에서 가능으로 걸어가는
—서영이 기현에게

눈 감은 돌
눈 뜬 돌

어쩌면 돌들을 구분하다가
평생을 다 써 버릴지도

평생이라는 말을 하루로 나눠 보는 연습
 그러니 우린 손가락이 소나기처럼 쏟아지는 미래를 대비하여

커다란 우산을 챙길 수도 있고
피아니스트가 될 수도 있지

이런 말들이 담긴 엽서를 네게 쓰는 동안
밤이 드리워졌어

그런데

돌들은 여전히 눈을 감거나 뜨고 있다, 성곽이나 해변. 그러니까 돌들이 있는, 혹은 돌들이 쓰이는 바로 그 장소에서

나도 만들어 보고자 했던 하루의 범주가 있지만

어려워하고 있어
도무지 쉬운 것이 없지만

귓속말 같은 음들을 원하던 시절을 지나
낡은 장화처럼 검은 언덕을 지나

아직 오지 않은 날들도 이곳에서 기억할 수 있다고

이미 떠나간 것들이 아지랑이가 되어 피어나는 봄날에

내 친구에게 이런 편지 정도를 쓸 수 있다고

마치 마지막인 것처럼 눈이 내리면

우린 그것을 마음이라고 불렀다

마음에서 무수히 쏟아지는 길들이 칼처럼 빛났다
눈부시게 환한 그 빛 사이로

불가능에서 가능으로 걸어가는 길목을 생각하며 걸었다

## 너와 문학과 역사

　너는 내게 최초로, 스타일이라는 단어를 떠올리게 한 사람이었다.
　너는 너로서, 너무나 명백했으니까. 체육복 하의를 한쪽만 걷어붙이고 복도를 거닐던 모습. 그리고 바둑판 모양의 반스 운동화. 때로 네가 선택하는 몇 가지 조건들은 그 무엇으로도 대체할 수 없는, 고정불변의 법칙처럼 느껴지곤 했다. 하지만 네 웃음은 그 법칙들 사이로 기분 좋게 스며드는 바람 같은 것. 너는 분명 미학적인 인간이었다. 그것은 네가 성인이 되고 난 이후에도 분명하게 드러나는 것이었어. 네가 입는 옷과 듣는 음악들, 웃는 게 예뻤던 너의 애인, 네가 보여 준 몇 가지 디자인 작업에서도 명백하게 나타나는 아름다움을 잘 알고 있지. 결국 너는 미학적 '형식'이라는 것을 내게 최초로 체감시킨 친구였지.
　너는 이제 네가 아닌 곳으로 갔지. 그곳에서도 여전히 나무는 나무로서 드리워지고, 빛은 빛으로서 다정할까. 너는 어디에 내려앉을까. 어떻게 맺히고 흩어질까. 문득 아주 먼 곳으로 날아가는 나비나 바람에 흔들리는 올리브나무 같은 것도 떠오르지만, 사실 그것들은 네가 아니라는 걸 알고 있어. 다만 나는 네가 가 있는 '끝'의 시간을 생각하고 있어. 인간의 기량으로 가늠할 수 없으나 지금 믿고 싶은 것은, 아득히 먼 곳에서 지켜보았을 때, 나의 끝과 너의 끝은 그다지 멀리 있지 않다는 사실일 거야. 어쩌면 모든 끝이 맞닿아 있는 곳도 있을 테니까. 그런 의미에서 시는 아주 기이한 공간이 될 거야. 하지만 이곳에서 우린 더는 어둡지 않을 것이다. 이렇게 책임질 수도 되돌릴 수 없는 말들이 명계로 떠나가는 기차가 되어 간다. 내가 너를 떠난 것인지, 네가 나를 떠난 것인지 아직도 잘 모르겠지만, 이것만큼은 확실하다. 이제 『은하철도의 밤』(미야자와 겐지, 소와다리)이 우리 둘 사이에 놓이게 되었다는 것. 그리고 죽지 않는 공간으로서의 시를 생각하고, 쓰고, 실천하는 일이야말로 너와의 접점을 발생시키는 일이라는 것.

모든 밤이 불타듯이 드리워지고, 빛이 빛답게 다정할 수 있는 최후의 공간으로서.

아직 한 달도 채 되지 않았는데, 나는 벌써 너를 일종의 내재율처럼 느끼고 있어. 나는 감히 이 글을 네 어머니께 보여드릴 수 있을까?

너는 내 시를, 그리고 내 친구들의 시를 한 번씩 읽었다고 말했지. 네 어머니께도 소리 내어 몇 편을 읽어 주었다고 했어. 중학교, 고등학교 친구였던 우리가 스무 살이 넘어 다시 만났을 때, 나는 몇 권의 시집을 너한테 건넨 적 있지. 보통은 술집에서 술을 마시면서. 만날 때마다 틈틈이. 그때마다 나는 내 선생님의 시집을 건네고, 「죽음의 집」이라는 시가 실린 시집(『물고기들의 기적』, 박희수, 창비)을 건네고, 무엇보다 친구들과 함께 만든 《공통점》이라는 이름의 잡지를 처음으로 건넸던 기억. 분홍색 커버 위에 아메바가 그려진 창간호, 그리고 한 손으로 얼굴 절반을 가린 채 울고 있는 커버가 있는 2호를 건넨 적 있지. 그 이후로도 너는 내가 썼던 글들을 계속 읽어 주었다. 공통점 홈페이지에 취합된 시들을 읽어 주었고, 영화 비평지에 실린 짤막한 리뷰를 읽어 주었고, 서툴고 미성숙하기 짝이 없는 나의 첫 책도 읽어 주었다. 네게 글을 보내는 일을 잊고, 내 일상에 바빠 정신이 없었을 때도 너는 내가 시도했던 모든 글쓰기를 꼼꼼하게 찾아 읽고, 피드백했다. 지금 기억나는 건 이런 평가. 서영, 「흙」이라는 제목을 가진 네 시를 참 좋아했는데 지금 읽어 보니까 그 시가 참 어린 시였던 것 같아.

 그 말에 이렇게 물어볼 것을 그랬어. 어린 시라는 게 도대체 무슨 말이야, 부족한 시야? 아직 겪지 못한 것들이 많아 얄팍하게 읽히는 시야? 말하는 사람이 지나치게 유순하거나 어리석게 느껴지는 시야? 이제 네가 보고 싶어서 쓰는 글들 안에서 너는 여전히 어리고, 젊을 텐데. 나의 '늙은 시'는 네게 영영 못 보여 주는 것일까?

눈물처럼 조용히 흘러내리는 글쓰기, 그런 것을 시도해 보려고 해도, 나는 결국 현실 안에서 혼탁하다. 어쩌면 혼탁해질수록 좋다. 너는 현실에 얼룩진 문장을 타고 '기꺼이' 전개된다. 어쩌면 '기꺼이'라는 표현은 공통점을 시작하게 된 이후로 생긴 나의 언어 습관. 할아버지의 죽음과 함께 하였던 창간호 이후에, 나는 자꾸 무엇인가를 감수하려는 태도에 골몰했다. 어쩌면 용기를 내고자 했던 거겠지. 너하고 조금씩, 아주 미세하게, 그러나 분명히 닮아 있는 내 친구들 사이에서 말이야. 미감이 있고, 사랑이 있고, 마음으로 세워 낸 '형식'이 있는 친구들 말이야.

사실 그전에는 기꺼이 할 수 있는 것들이 별로 많지 않았지. 죽기 싫어서, 죽는 게 무서워서 시를 썼지. 하지만 아직 나는 여태까지 제대로 늙지도, 죽지도 않았어. 다만 이 모든 끝을 가만히 겹쳐 보는 시간 안에 머물고 있어. 아무래도 살기 위해서 쓴다는 말은 지나치게 거창한 것인가? 하지만 공통점이라는 이름은 특정한 교집합이나 연결, 행복과 슬픔의 공통된 구간을, 무엇보다 삶이라는 범위를 동시에 생각하게 하지 않는가? 나는 앞으로도 너와 닮은 것들을 보겠지. 너와 닮은 사람들이, 이 글 안에서 너를 읽어 내길 바라고 있지.

  네가 지나간, 네가 앞으로도 나타날 문학이라는 역사 안에서.

이기현

---

2019년 《현대시학》 신인상으로 등단하였다. 시집 『슬픈 토우는 고래만큼』을 썼다. 고양이 하루와 하루하루 살고 있다.

## 통증의 군락

한 사람에게만 기거하던 통증이 모여
군락을 이루면 그곳이 우리의 통점이 되었지
우리는 마음의 시끄러운 쪽을 기록해
매대에 올려놓고 팔기 시작했어

이국의 언어를 배우듯이
야영을 하던 감각들도
우리가 판매하는 소리를 들으며
보금자리로 돌아가고

활시위를 당기는 궁수가 목표하는 곳이
적이 아니라 적이 들고 있는 무기라면

우리의 군락을 지키고 있는 건
어떤 게 선한 것인지
구분하려는 마음이 아닌
선함 자체를 믿는 마음이었지

하지만 우리는 모르는 사람들이었다
이 사실을 실감할 때가 오곤 했지
각자의 보면대에 올려 둔 악보가
모두 다른 곡이었으니까

고기에는 뼈가 있고
물고기에게는 가시가 있고
우리에게는
다만 통증이 있었을 뿐

그래도 우리는 통증을 멈추지 않았지
우리가 서로에게 기거하기로 하며
통증의 가장자리에서 새어 나오는
시에 대한 탐닉을
거부하지 않았던 것처럼

# 쉬었음 청년

코로나가 한창일 때 일을 그만두고
집에 틀어박혀 시만 쓰며 지냈다

길에서 유기당한 고양이를 데려와
고양이의 습성을 배우기 시작했다

일을 하고 있지는 않았지만
쉬고 있지는 않았는데

집은 나를 고립시키는 곳
증권 계좌에 넣어 둔 퇴직금이
점점 줄어가듯이
시는 쓸수록 가난해지는 일이었다

고양이는 그것도 모르고
새벽마다 발정이 나 울기 시작하고
괴로운 건 일을 하지 않는 게 아니라
쉴 틈 없이 시를 쓰고

고양이를 기르는 일

내가 사랑받을 이유가 없는 것처럼
너도 버림받을 이유가 없었겠지만

사람은 계속해서 시를 쓰고
고양이는 집이 되어 갔다
집이 자꾸만 좁아지고 있었다

중성화를 마치고 온 날
새벽에 우리는 붙어서 잤다

처음으로 서로에게
기대어 쉬는 습성이 생겼다

# 할 일

12월 3일 계엄령이 선포되었을 때
나는 전남대 용지에서
물 위를 헤엄치는 오리들을 떠올렸다

국회의사당으로 진입하는 계엄군과
전남도청을 포위한 계엄군이 겹쳐 보였다

시민들은 시민들이 할 일을
하고 있었을 뿐이었는데

국가가 국민을 위해
존재하지 않을 수도 있다는
공포를 일깨웠다

광주 북구 신안동에 살면서
예비군복을 입고 단독 군장을 한 채
광주역으로 향방 작계 훈련을 나가
518번 버스에 탄 승객들과

눈이 마주쳤을 때 느꼈던
알 수 없는 부끄러움과 공포를

12월 3일 계엄령이 선포되었을 때
나는 알게 되었다
오랫동안 전투가 일어나지 않았을 뿐
투쟁이 끝이 난 것은 아니었다는 걸

어째서 내가 광주에 살고 있었을 때
광주에 대한 시를 전혀 쓰지 못했는지

나에게 일어나지 않은 일은
나에게도 일어날 수 있는 일이었다

물 위를 헤엄치는 오리들이
호수를 벗어나려고
파문을 일으키는 것이 아닌 것처럼
나는 할 일이 생겼다

# 테라리움


 나는 이 생태를 조성하려고 신의 생각을 아주 잠깐 훔쳐봤지 그런 내가 너무도 불결해서 작은 옹관을 만들어 그 안에 검지를 잘라 넣고 테라리움 안에 묻어 두었지 내가 죽기 전에 먼저 죽은 신체의 일부는 여전히 소유하고 있는 것인지 잃어버린 것인지 그것도 아니라면

 내 일부가 나를 그리워하기 시작하는 것인지 옹관이 묻힌 곳 위에서 싱고니움의 잎이 나를 향해 손가락처럼 뻗어 있었지

 누구든지 언젠가 죽음을 받아들여야만 하겠지 다만 오래 같이 비를 맞아 줄 사람이 곁에 있으면 좋겠어 그러니 절대 널 떠나지 않을 거라고 연신 말을 하던 사람 뒤로

 비를 피해 건물 안으로 사라지는 몸들에게 나는 마음을 빼앗기곤 했다 수경 재배를 하던 식물을 테라리움 안에 분갈이하면서 내가 조성한 생태는 나를 사랑하고

있을까 아니면 원망하고 있을까 이런 생각에 잠시 빠져 있다가

  내가 죽고 나서 오랜 시간이 흐른 뒤에 다른 이에 의해 출토되는 옹관을 상상했다
  불결한 나를 그리워하던 누군가의 생각이 옹관과 함께 묻혀 있었다

## 칠그릇과 사람
— 기현이 온윤에게

누군가와 함께 나란히 앉아
식사를 하길 기다리는 사람은
식탁 위에 놓인 칠그릇을 보며
그것이 정묘하다고 느끼는 듯하다

가끔 자신을 아프게 했던 것들이
심령 현상이 되어 선반을 흔들기도 하고
옷장에서 외투를 꺼내 입고

집 밖을 나서기도 하지만 사람은
칠그릇에 담긴 께느른한 햇볕을
오래도록 바라보고 있을 뿐이다

그러나 너무 오래
자리를 지키고 있으면
이곳에 자신만 있다고 생각될까 봐
사람은 식탁에서 일어나
바깥으로 나가기로 한다

어디선가 시나위 소리가 들려오고
사람은 당골의 춤과 노래를 상상하며
무언가 자신에게 다가오고 있다는 걸
다가오는 것과 동시에
나란히 있어 줄 것이라는 걸

자신이 사랑하기로 한 사람이
될 거라는 걸 알게 된다

식탁 위에는 칠그릇이
놓여 있고
그것은 정묘하다

# 그저 그런 사람으로 살아갈 용기

 2016년, 먼저 시 합평 모임을 하고 있던 아림, 온윤, 나연이 나에게 스터디를 함께하자는 제안을 해 주었다. 나는 그 제안을 받고 망설였다. 나에게 스터디라는 모임은 한 학기 정도 모이다가 방학이 되면 흐지부지되어 언제든지 사람들과 낯설어지는 것을 감내해야 하는 자리였다. 그건 아마도 내가 어렸을 때부터 어떤 집단에 소속되는 것에 거부감을 가지고 있었기 때문인지도 몰랐다. 나에게 인간관계라는 것은 서로에게 상처를 주거나 받는 것에 가까웠다. 누구를 만나든지 나는 그 사람이 언젠가는 나에게 실망하고 나를 떠나가는 뒷모습을 상상하곤 했다. 그런 상상이 정말로 눈앞에서 일어날까 봐 나는 타인과 거리를 두고 살아왔다. 상처받기도 싫었고 상처를 주기도 싫어서 진지한 이야기보다는 웃긴 이야기를 자주 꺼내게 되었다. 한때 코미디언이 되고 싶었던 적도 있었다. 타인과 웃음을 주고받는 일은 상처를 주고받지 않으려는 자신과의 결투였다. 그런 사람인 내가 사람들과 모임을 계속 이어가는 것은 결투장에서 지내는 것과 다름없었다. 그래서 스터디를 함께하자는 제안을 받았을 때 나는 나로 인해 얼마 지나지 않아 스터디가 해체될지도 모른다는 죄의식을 지레 가지면서도 한편으로는 시를 함께 나눌 수 있는 문우가 생긴다는 기대감 사이에서 많이 고민했던 것 같다.

하지만, 그런 고민이 무색하게 이름도 없이 시작한 시 함평 스터디에 멤버들이 한두 명씩 모이기 시작했고, '공통점'이라는 모임 이름을 가지게 되었고, 독립 잡지를 내고 문학 관련 사업들도 함께하면서 벌써 10년이라는 세월이 흘렀다. 그 짧지 않은 시간 동안 공통점과 함께하면서 내가 느꼈던 것은, 결국 사람은 사람을 떠날 수 없다는 것이었다. 어느 순간부터 나는 공통점 친구들과 함께 모이게 되면 그 자리가 더는 결투장이나 사람과 거리를 두어야 하는 곳으로 느끼지 않게 되었다. 상처를 주거나 받는 곳도 아니었다. 공통점과 함께 있는 공간은 내게 뒷모습을 보이더라도 언제든 이름을 부르면 돌아봐 줄 사람들이 있는 곳이었다. 그러니 나에게 공통점은 시를 나누거나 문학 이야기를 하는 단순한 함평 모임을 넘어 공통점 안에서 시를 쓰고 문학을 하는 사람으로 다시 태어나는 일이었고 때때로 그런 사람이길 포기하고 싶을 때마다 다시금 그런 사람으로 살아갈 용기를 얻는 곳이었다.

공통점 친구들을 만나면 가끔 내가 꾸고 있는 꿈을 말하곤 한다. 내 꿈은 우리가 60대가 되어도 국밥에 소주 한잔하면서 시시콜콜하게 서로의 근황과 요즘 시와 문학에 관해 이야기하는 것이라고. 나는 이 꿈을 가질 수 있게 되어서 좋다. 내가 이루고 싶은 가장 소중한 꿈인 것 같다. 나는 오래전부터 대단한 사람이 되고 싶지도 유명한 사람이 되고 싶지도 않았다. 그럼 나는 어떤 사람이 되고 싶은 걸까? 이 질문을 십 대와 이십 대를 지나오며 내내 자문했다. 그리고 공통점에서 활동해 오며 이제는 그 대답을 찾은 것 같다.

나는 그저 그런 사람이 되고 싶었던 것이다. 돌이켜 보면 나는 나에게 기쁜 일이 일어나는 걸 원치 않았다. 나에게 기쁜 일이 일어나면 반드시 슬픈 일이 동반했다. 그런 일 중에 제일 나를 아프게 했던 일은 그렇게 하고 싶었던 등단을 한 해의 생일에 살면서 가장 많은 축하를 받았고, 다음 날 할아버지가 돌아가셨던 일이다. 내 생일 다음 날은 할아버지 기일이다. 내 생일은 12월 30일이고 할아버지 기일은 12월 31일이다. 그 해의 마지막 날이었다. 나는 새해 첫날 장례식장에서 조문객들을 받으면서 그런 생각을 했었던 것 같다. 희망의 반대는 절망이 아니라 희망하지 않은 상태라는 걸. 행복의 반대는 불행이 아니라 행복하지 않은 상태라는 걸. 기쁨의 반대는 슬픔이 아니라 기쁘지 않은 상태라는 걸. 그러니까, 희망을 품으면서 함께 절망하기도 하고 행복과 함께 불행이 찾아오고 기뻐하는 일과 슬퍼하는 일을 동시에 느껴야 하는 사람도 이 세상에는 존재할 수 있다는 걸. 그걸 바라지 않는다면 그저 그런 사람이 되어야 한다고 생각했다. 희망하지도 행복하지도 기쁘지도 않은 사람은 절망도 불행도 슬프지도 않은 사람이 될 수 있을 테니까.

그저 그런 사람으로 살아가려면 용기가 필요하고 그 용기를 나는 언제나 공통점에서 얻을 수 있었다. 나는 나의 통점을 의심 없이 공통점 안에서 열어 보일 수 있었고 시를 쓰며 살아갈 수 있었다. 나는 공통점 안에서 덜 아플 수 있었다.

조온윤

---
2019년 《문화일보》 신춘문예로 등단하였다. 시집 『햇볕 쬐기』
『자꾸만 꿈만 꾸자』를 썼다. 공동체를 위한 문학을 지향한다.

# 새천년 건강체조

외계인이 있을까?

각자의 생각 속으로 침강하는
일과를 시작하기 전에
우리는 의자에서 일어나
체조를 한다

관내 방송의 구령에 맞추어
앞사람의 뒷모습을 바라보고
똑같은 몸짓을 할 때에

시간은 잠시 수평으로 흐른다

다음 동작을 위해 고개를 돌리면
똑같이 고개 돌린 옆 사람의
뒷모습이 보이고

좌우와 순서를 헷갈리지 않는 한

우리는 서로 마주 보지 못하지만

언젠가 알게 될 거야
우리가 똑같은 눈금,
똑같은 높이에 발 딛고 있다는 걸

어깨동무하듯
외계인을 기다리는 사람들이 있다

평평 지구를 믿는 사람들이 있다

나는 그들과 함께 있다

# 열쇠의 집

열쇠를 잃어버리면 들어갈 수 없는 집
이 집의 주인인 열쇠가 올 때까지
복도와 계단을 서성이고 있어

현관에 붙은 일수, 달돈, 대출, 보장
어른들의 별명이 가득한 전단지로 비행기를 접고
모르는 이름이 낙서된 벽에다 대답을 적어 놓고
복도의 끝에서 끝까지
내 걸음을 세어 보기도 하면서

승강기가 열릴 때 이곳은 잠시 환해져
낯선 듯 낯익은 사람들이 나를 무심하게 지나쳐
서로 다른 문으로 들어가고 있어

내가 아는 숫자까지 걸음을 세고 또 세어 봐도
열쇠가 오지 않으면 어떡하지?
복도에 갇혀 쓸쓸히 녹슬어 가는 자전거처럼
실은 내가 바깥이라는 슬픔에 갇힌 거라면?

우리 집이 바깥이 아니라
안쪽에서 열리는 집이라면 좋겠어
열쇠가 아니라 사람이 사는 집이라면
다녀왔어요, 말하면 어서 와, 대답이 들려오는
기다림을 바깥에 세워 두지 않는 집이라면

두드릴 수 있는 문이 있다면 좋겠어
불 꺼진 복도에 우두커니 앉아 있을 때
나의 슬픔이 철컥이는 열쇠인 것처럼
들어와, 여기서 기다리렴
환하게 열리는 문이 있다면

## 그림자 관광

그림자를 보러 오는 관광객이 있대

음지바른 묘지를
야광 핏빛 물든 암실을
눈알처럼 숨어 있는 탄흔들을

보러 먼 지방으로 오는 사람들이 있대

고속버스를 타고
생수와 도시락을 가방에 담고
철 지난 유행곡이 흘러나오는 이어폰을 끼고서

그림자를 보러 미래에서
오는 사람들이 있대

일 분간의 묵념을
촉망받는 관광 산업을
그곳에서 나고 자라 늙어 가는 해설사와 함께

따라가다 보면
저 앞에 작디작은 점이 보일 거래
잠든 이들을 뒤에 싣고 터널 끝을 향해 가는
버스 기사의 묵묵한 뒤통수 같은

우리 지금 어디야?
그림자를 보러 가고 있대
장지였던 이십구 번 국도를 지나
누군가의 어깨뼈를 밟은 듯이 덜컥이는
과속 방지턱을 넘어

선잠에서 깨면 우리
오래전 섬광이 한 차례 쓸고 지나간
물푸레 숲길 아래를
통과하고 있을 거래

## 산성비 미래

우리가 사는 집의 지붕과 담벼락
빗속에서 조금씩 슬어 가는 걸 보네

구옥이 된 이층집이 빌딩 사이에 끼어
도시 경관을 흐트러뜨리는 걸 보네

그 집을 향해 우리
두 손 머리 위로 지붕을 만들고 뛰어가네
겨우 정수리만 가릴 정도로 작은 손 지붕을

흠뻑 젖은 꼴을 봐
빗물에 젖으면 추해지는 건 우리도 같네
추함은 비구름이 몰고 오는 전염병 같네

검은 쥐처럼 구멍을 찾아가는 빗물
이 빗물에는
어디선가 녹아내린 눈사람이 섞여 흐르고
어디선가 재수 없어 뱉은 가래침이 섞여 흐르고

어디선가 클로로벤젠과 포름알데히드
어디선가 비명횡사가 섞여 흐르고

그것은 한데 모여 먼 훗날이 되네
먼 훗날이 되어 우리의 머리 위로 내리네
겨울엔 투명한 빗방울이 되어
여름엔 희디흰 결정이 되어

먼 훗날을 가리키며 저기 봐,
우리가 살던 집의 지붕과 담벼락
꿈쩍도 하지 않고
그 자리에 선 채로 죽어 있는 걸 보네

더 이상 흐트러뜨리지도 않고
더 이상 어지러뜨리지도 않고

이상할 것 하나 없는
자연 경관이 되어

여전히 비 오네
빗속에서만 빛을 받아 겨우 아름다워지는
이 도시에 비 오네

## 너는 나를 천사라고 부르네
―온윤이 도경에게

내게는 때 묻지 않은 흰 옷가지가 없지만
꿰뚫어 보이는 무구함도 선량함도 없지만
너는 나를 천사라고 부르네

사실 너는 나를 천사라 놀리는 거지?
나의 못됨이 하나도 천사 같지 않아서
내가 나를 부끄러워한다는 걸 알고 있어서

혼자서만 속에 품고 있던
네 자리 숫자를 들켜 버린 이후로
네게 자꾸 놀림만 받게 됐다

생일에는 한 살 늙음을
신년에는 다시 한 살 늙음을
너는 나보다 영원히 젊은 동생일 거라며
네 자리 날짜로 된 기념일을 잊지 않으면서

우린 아직 슬픔을 나누어 본 적은 없어서

네 앞에서 우는 건 상상할 수가 없는데
아마도 나의 늙음을 잊고
너의 동생이 되어 버린 기분이겠지

조금은 부끄럽고 어색할 거야
서로의 진심을 잠그고 있던 네 자리 숫자
몰래 비워 둔 너의 자리를 들킨 것처럼

너는 나의 이름 뒤에 자꾸 천사를 붙이고
덕분에 하루는
생크림 범벅이 된 얼굴처럼
깔깔대며 우리를 웃기기도 하지

알려 준 적 없는 번호를
누르고 들어오는
너의 장난기처럼

## 엇갈리며 함께 걷는 이들에게

 이것을 일종의 사회 실험이라고 생각해 보면 어떨까요? 우리는 활자 모양의 부품으로 가득한 이곳에서 같은 명찰을 달고 같은 일을 합니다. 주변이 각자의 생활과 고민으로 다소 어질러져 있지만, 그럼에도 밝은 눈으로 재료의 의미를 찾아 내고 조립해 나름대로 괜찮은 모형을 만들어 내는 게 우리에게 주어진 과제이고요. 사과 한 알, 초록 들판, 새 두 마리, 날개를 멘 소년이 그려진 티셔츠는 지난여름 우리가 함께 맞춰 입은 것이라서 누가 봐도 우리가 같은 업에 종사하는 동료들이라는 걸 알 수가 있습니다. 이 중에는 꽤 오래전부터 함께 시간을 보내 온 사람도 있고 비교적 짧은 시간을 함께한 사람도 있는데, 다들 위악을 부리기에는 유약한 심성을 가져서 우리 사이에 위계나 특권 같은 게 생기지는 않습니다.
 실험자들이 의도한 것은 아니나, 어쩌다 보니 우리는 심지어 같은 꿈도 꿉니다. 언젠가 우리가 완성한 모형들이 스스로 움직여 세상을 놀라게 하는 꿈을 꾸고 있죠. 모형에 붙은 이름은 당연히 시가 되겠고요. 가만 보고 있노라면 흐뭇하고도 서글픈 이 피조물을 때로는 끝없이 이어지는 열차로, 때로는 다시 만날 수 없는 친구의 얼굴로, 때로는 자신이 바라는 천사의 형상으로 해체하고 조합하기를 반복합니다. 가지각색으로 보이지만 작동의 원리는 모두 같은 시, 이것을 아끼는 마음도 모두 같은 꿈에서 비롯됩니다. 같은 꿈을 꾸는 사람이라야 이런 이상한 실험에 제 발로 지원하려 마음먹었겠죠. 그러니까 우리가 이곳에 모이게 된 건 애초부터 같은 꿈을 꾼다는 하나의 공통점이자 필연이 우리를 그러모았기 때문입니다.

물론 우리에게는 차이점도 있습니다. 따져 보면 같은 점보다는 다른 점이 훨씬 많아요. 취향에 따라 제 소품에 색을 칠하느냐 칠하지 않느냐 하는 사소한 정도부터, 자신이 만드는 모형을 얼마만큼 거대하게 완성하고 싶으냐는 포부의 크기까지 차이를 느끼기도 하죠. 시라는 공동의 꿈으로 이곳에 모인 만큼 시를 향해 어떤 속도와 경로, 어떤 걸음걸이로 나아가는지는 우리 사이에서 선명하게 두드러지는 차이점 중 하나입니다. 때로 이런 다름으로 우리가 자칫 엇갈리는 것처럼 보이기도 하겠지만, 개의치는 않습니다. 서로의 뒤꿈치를 밟거나 어깨가 부딪히더라도 결국에는 같은 방향으로 가고 있다고 믿어 의심치 않거든요.

사실 이 실험을 설계한 실험자는 우리 자신입니다. 우리는 우리 사이에 일어나는 일들을 살피는 동시에 피실험자로서 이 안에 참여하고 있어요. 실험이 시작된 지는 벌써 열 해, 학교를 마치고 누군가는 회사원이 되고, 누군가는 공학도가 되고, 또 누군가는 타향살이를 하게 되는 몇 가지 변화가 있었지만, 대체로는 커다란 갈등이나 반목 없이 무탈한 시간을 보내고 있습니다. 이 평온한 시절에 젖어 자꾸 잊어버리게 되는 이 시뮬레이션의 존재 이유를 상기하자면, 우리는 자꾸만 되묻게 되는 바로 이 질문에 답하고 싶었습니다. 그 모든 차이점에도 불구하고 정말로 우리가 같은 통점이 될 수 있을까요?

우리의 실험이자 모험인 이 공동체가 여전히 순항 중인 가운데 아직 결정적인 해답이 나오지는 않았습니다. 다행히도 여기에는 성공과 실패가 없죠. 목표가 있다면 그저 이 공동체의 가능성을 계속해서 점쳐 보는 것뿐, 우리가 이루고 있는 우정과 연대가 결국에는 해체하는 결말을 맞는대도 거기까지 닿게 되는 그 모든 과정과 기록이 폐기되는 일은 없을 것입니다. 이미 우리는 문학으로 같은 통점을 만들겠다는 다짐의 유의미한 결과로서 꼬박 열 번째 해를 함께하고 있으니까요.

공통점이라는 이름이 생기기도 전인 스무 살 무렵, 우리가 몇 년 뒤에 어떤 미래를 맞이할지 모르는 채 이들과 천진하게 나누던 얘기가 있습니다. 삼십 대가 되고 사십 대가 되어서도 지금처럼 건강한 모습으로 함께 시를 쓰고 있다면 좋겠다고요. 어쩌면 우리는 그때 빌었던 마음들에 빚을 지고 있는지도 모릅니다. 점점 나이를 먹고 성격은 옹졸해지고 세상사에 치이고 치이면서 우리도 모르게 변해 버린 것들이, 아무런 타협이나 계산 없이 순수하게 시를 열망하던 시절을 거울처럼 돌아다보며 자정하고 있는지도 몰라요.

그렇다면 아직 이 실험의 결론이 채 지어지지 않은 지금, 마찬가지로 처음 공통점이 되기로 마음먹으며 품었던 그때의 말들을 되풀이하는 수밖에는 없겠습니다. 우리는 서로 다른 통점을 가졌지만, 문학을 매개로 같은 통점이 될 수 있습니다. 우리는 이 세상을 살아가며 수많은 차이점으로 엇갈리게 되겠지만, 단 하나의 공통점을 지니는 것만으로 다시 한데 묶일 수가 있어요. 만약 우리의 실험이 끝나지 않는 여정이라면, 이것은 우리가 아주 일찍이 감각할 수 있는 한 가지 확신입니다. 우리는 분명 같은 통점이 될 수 있더라고요.

해설

―――――――――――――

느슨한 연대를 향한 통각

김원경

**해설**

# 느슨한 연대를 향한 통각

김원경

**'우리는 같은 통점이 된다.'**

사람들이 모여 앉아서 거의 말을 하지 않는다. 누군가가 정적을 깨고 말을 꺼내면 최소한의 움직임으로 고개를 돌려 듣는다. 자주, 거의 소리가 나지 않는 박수를 친다. 잦은 침묵. 누가 보면 답답하다고 여길 법도 한 이 모임……. 서글픈 사람들이 "자조 모임"에 모여 서로의 자조에 박수를 보내는 장면(장가영, 「자조 모임」)이나 만남이 끝난 뒤에야 누군가와의 좁혀진 거리감을 알아채는 사람(김도경, 「어느 우연한 자리에」)을 떠올려 본다. 언제나 조금 늦게 무언가를 알아채는 사람들. 이들의 시에는 종종 모임과 만남의 장면이 등장하는데, 대체로 화자는 모임에 잘 적응하지 못하고 긴장하고 횡설수설하며 쭈뼛거린다.

아니, 그럴 거면 모임엔 왜 나갔어?

이런 질문을 할 법도 하지만 쭈뼛거리면서도 나 아닌 누군가에게로 향하는 만남에 참여하고자 하는 화자들은 "우리는 같은 통점이 된다"는 문장 곁에 둘러앉은 공통점의 느슨한 연대를 드러낸다. 갈등과 분열이 난무하는 시대에 여기 모인 여덟 시인은 부단히 교집합을 형성하고 거기에 머물기 위한 노력을 보여 준다. '공통점'은 단순히 이들이 문학을 연구하고 시를 쓰는 사람들이라는 유사성을 드러내는 이름에 그치지 않는다. 나아가 공통점의 시작부터 함께해 온 문장 속 '같은 통점'을 탐색하고 드러내 보이며, 그 작업이 줄곧 실패에 그칠지라도 반복하는 과정을 모두 함축한다.

공-통점은 비슷하지만 다른 사람들, 각자의 통점으로 서로 연결되는 지점을 아우른다. 이기현의 「통증의 군락」은 그 의미를 잘 보여 주는데, 시에서 "우리"는 통증의 군락에 모여 우리를 아프게 했던 감각의 혼란함을 잠재운다. 하지만 "모르는 사람들"인 우리가 함께하는 일 자체가 "선한 것"으로 구분되는 실천이 아니듯 "서로에게 기거"하며 군락을 이루었다고 해서 완전한 연대가 실현되거나 통증이 끝나는 것은 아니다. 오히려 통증은 계속되며 "우리"는 그 통증의 지속성을 받아들인다.

그 지속 속에서 "우리는 무엇이든/어떻게든"(이서영, 「여름 환영」) 서로의 곁에 머물고자 한다. "뭉치고/뻗어 가고/어느 날에 기꺼이 해산하듯이" 통증의 군락이 이루는 연대는 완결이나 일치가 아니라 우연하지만 분명하게 겹치는 순간을 포착할 때 가능해진다. 이 통증 속에서 우리는 어떻게 함께할 수 있는가? 시인들은 각자의 방식으로 이 물음에 답한다. 단절된 듯한 과거의 통증을 복원하여 감각하고, 자신과는 다른 타인의 차이를 인식하면서도 서로를 포기하지 않으며, 불길한 예감을 넘어 미래를 향한 믿음을 저버리지 않겠다는 다짐으로 말이다.

**침묵과 새로운 약속 사이**

우리는 시간 속에서 과거의 땅을 딛고 살아간다. 과거는 단절된 채 사라지지 않고 현재의 삶 속에서 불쑥 되살아나기도 한다. 이때 통증은 우리의 감각을 깨우며 일상성을 획득한다. 통증의 일상성이란 우리가 발에 차이는 고통 속에서 기진맥진한 채로 살아가는 무력한 존재라는 뜻이 아니다. 반면 저 먼 시간 속의 타자와 현실의 내가 이루는 연대가 억지스럽게 과거를 끄집어내는 방식으로만 가능하다는 뜻도 아니다. 연대는 그 두 극단 사이, 반복되는 일상 속에서 과거와 현실이 우연히 접촉하는 순간에 이루어진다.

평소 농담을 주고받는 사이였는데/버스를 기다리는 동안/말이 없었다/오랜만에 버스가 운행되던 날이다 […] 햇빛이 드는 쪽에 앉았던 현규 댁/얼굴에 길이 드러나지 않았다/산이 겉으로는 길을 숨기고 있던 것처럼//열무는 천에 덮여 있다/시들지 않기 위해 물을 끼얹은 바구니에서/비릿한 열무의 냄새가 났다/창문을 열어 두었다/다른 걸까

—김병관,「각각 또는」부분

  김병관의「각각 또는」의 배경은 1980년 5월 계엄군 철수 이후의 버스 안이다. 매일 제시간에 오가던 버스의 운행이 중단되었다가 재개된 어느 오후 "현규 댁"이 잃어버린 농담과 일상의 풍경은 반대편의 창가에 앉아 있을 화자의 시선으로부터 간신히 복원된다. 햇빛이 드는 쪽에 앉아 말이 없는 현규 댁의 내부는 마치 산이 길을 숨기고 있는 것처럼, 뿌리째 뽑힌 채 찬물을 끼얹고 천에 덮여 겨우 시들지 않은 열무처럼, 닫혀 있다.

  화자는 그런 현규 댁을 바라보며 같은 공간에 있는 듯하면서도 시의 마지막까지 자신을 드러내지 않는다. 창문을 열어 둔 채 "다른 걸까"라고 홀로 중얼거릴 뿐인 그의 침묵은, 외면이 아니라 차마 말로 할 수 없는 타인의 고통을 바라보며 그 자리에 함께 앉아 있는 방식의 연대이다. 고통을 감지하면서도 감히 말을 건넬 수 없는 거리감, 조용히 그곳에 함께 머물고자 하는 조심스러운

태도가 화자의 행위와 발화에 담겨 있다.

"창문을 열어 두었다"는 구절은 가려진 산속의 길과 말 없는 현규 댁의 모습, 천에 덮인 열무처럼 닫혀 있는 상황과 상반된다. 열린 창은 고통이 지나간 자리를 간직한 시간이 과연 다른-새로운-무언가가 될 수 있는지("다른 걸까")를 자문하며 체념도 낙관도 없이 그곳에 함께 있기로 한 자의 다짐이다. 한편 천에 덮인 채 비릿한 냄새를 풍기는 열무는 죽은 이들의 침묵을 연상케 하기도 하는데, 죽음에 대한 감각은 어떻게 다른 시와 연동되는지 살펴보자.

> 당신은 눈꺼풀을 느리게 껌벅이고/우린 점차 덫에 가까워지는데/톱니처럼 서로 맞물린 시간 속에는/잘린 새끼손가락이 뒹구는 평원이 있습니다//세계에서 끝난 약속들이 모여 있는 그곳을/붉게 젖어 들다가 단숨에 솟구치는 그 땅을/뜰이라고 불러 봐도 될까요//네가 허락한다면//나는 한 무더기의 잠을 헤치고 씩씩하게 걸어가/움켜쥐고 싶은 손을 찾아 헤맬 것입니다
> ―이서영 「플로리스트의 뜰」 부분

이서영은 「플로리스트의 뜰」에서 미지의 공간을 향

해 걸어가는 화자를 보여 준다. "잘린 새끼손가락이 뒹구는 평원"으로 화자를 들어서게 하는 문은 "톱니처럼 서로 맞물린 시간"이다. (별개의 작품이지만) 앞서 김병관이 "다른 걸까"라고 자문하던 시간은 이서영의 "맞물린 시간"으로 확장된다. "세계에서 끝난 약속"은 이미 종결되어 더 이상 효력을 발휘할 수 없는 약속처럼 읽히기도 하는데, 화자는 "그 땅"에 찾아가 "뜰이라고 불러 봐도 될까요"라고 묻는다. 이 물음은 "붉게 젖어 들다가 단숨에 솟구치는" 그 땅을 뜰의 모습으로 재현한다.

피가 솟구치고 손가락이 나뒹구는 잔인하고 험난한 땅을 잘 가꾸어진 "뜰"이라고 부르려는 화자의 물음에는 고통과 상처의 자리를 돌봄과 재생의 공간으로 전환하고자 하는 의지가 있다. 이 붉은 땅은 화자에게 씩씩하게 걸어가야 하는 용기를 요구한다. 그리고 이서영의 화자는 기꺼이 그 땅에 찾아 들어가 "움켜쥐고 싶은 손을 찾아 헤맬 것"을 다시금 약속하며 앞서 종결된 약속들을 소생시킨다.

화자의 새로운 약속은 약속마저 사라진 땅을 살아내야 할 장소로 인정하며 그 안에서 새로운 연대와 회복의 가능성을 모색하려는 시도이다. 이서영은 맞물린 시간을 통해 발견한 과거의 잔혹함을 외면하지 않는다. 나아가 훼손된 신체가 나뒹구는 땅 위에 함께 머물며 돌보는 뜰을 만드는 과정, 즉 고통을 품고 "움켜쥐고 싶은 손"을 향한 용기를 잃지 않으려는 태도를 보여 준다.

  김병관의 시에서 연대는 말을 거는 대신 말할 수 없는 고통에 침묵하며 같은 공간에 함께하는 방식으로 이루어진다. 이서영의 시에서 연대는 기억과 감각을 되살려 그 땅에 기꺼이 찾아가는 실천으로 이어진다. 전자는 말할 수 없을 만큼의 고통을 감지하는 자리, 후자는 처절하게 남겨진 고통을 향해 말을 건네기 위한 준비의 자리다. 이렇게 두 시의 화자는 통증이 흔적처럼 남은 일상을 감각하고, 거기서 다시 "움켜쥐고 싶은 손"을 찾아 함께하려는 의지를 보여 준다.

### 당신이 될 수 없는 나와 내가 될 수 없는 당신

  과거의 통증을 감각하며 이루는 연대의 형식은 나와 타자가 완전히 동일한 경험을 공유하지 않는다는 전제 아래 현실에서도 반복된다. 이때 나와 같은 현실을 살아가는 타자와의 거리감은 연대를 가로막는 장애가 아니라 차이를 감지한 채 곁에 있고자 하는 실천의 조건이 된다. 때로 타자와의 차이를 부정하거나 다른 이의 고통을 완전히 이해하려는 시도는 관계를 왜곡하거나 폭력적인 감정으로 번지기도 한다.

  예컨대 혐오의 감정은 자신의 안정된 경계가 위협받

는다고 느낄 때 발생한다. 과거에 비해 지금의 세계는 획일화된 가치나 유사한 삶의 방식을 추구하지 않으며 무한한 다양성을 향해 발산하고 있다. 이 세계는 존중 자체를 선진적인 가치로 앞세우긴 하지만 나와 다른 타자를 존중하는 일은 여전히 어렵기만 하다. 이런 상황에서 개인은 자신의 영역을 침범당할 수 있다는 위기를 더 민감하게 감지하게 되고, 자신을 지키기 위해 누군가를 배제하거나 혐오하게 되는 사회적 풍조에 쉽게 물들 수 있다.

이런 배경을 이해하면서도 연대의 가능성을 논하는 것이 말뿐인 낙관처럼 보일 수도 있겠다. 그러나 여기 모인 시인들이 보여 주는 연대는 꽤 느슨해서 진지한 사명이나 당위성을 논할 필요까지는 없다. 나의 외부를 완전히 배척하거나 경계를 짓지 않으려는 태도 정도면 충분하다. 이들이 보여 주는 느슨한 연대는 너그러운 이해나 감정의 동일시가 아니라 단지 이 세계에 함께 있다는 사실 자체로부터 작동한다.

때로 서로를 이해할 수 없는 존재와도 함께 살아가는 일, 관계의 실패와 간극을 감추지 않고 시간을 공유하는 일이 곧 연대의 실천이다. 다음의 두 시편에 등장하는 화자들은 타자와의 불일치 속에서도 덤덤하다. 관계에 무관심해 보이지만 결국 타인과 함께 있기를 택하는 이들의 실천은 연대의 새로운 방식을 탐색하게 한다.

> 난 그런 관계들에 대해 생각해/당신은 이런 말을 했는데 다른 생각을 하느라/그런 관계들에 대해서는 듣지 못했다 […] 당신은 수박을 사 왔다며 차에서/수박을 꺼내 집으로 가져왔다/커다란 수박이 어찌나 따뜻하던지/얼마나 멀리서부터 싣고 온 것인지/수박 같은 거 여기서도 살 수 있는데 […] 우리는 따뜻한 수박을 냉장고에 넣고/시원해지길 기다렸다
> ―김조라, 「식탁에서」 부분

김조라의 「식탁에서」를 통해 어긋나는 두 사람의 대화를 보자. "난 그런 관계들에 대해 생각해/당신은 이런 말을 했는데" 화자는 "다른 생각을 하느라/그런 관계들"이라는 대화의 핵심 정보가 누락된다. 서로를 이해하지 못하지만 두 사람의 관계는 지속되는데, 그것은 두 사람의 발화가 의미상 서로 완전히 호응하지는 않지만 '말하기-듣기-응답하기'라는 형식을 지켜 나가고 있기 때문이다. 화자는 자신을 향한 무심하다는 판단에 대꾸하기도 한다. 화자의 내면에는 파도처럼 몰려오는 "사람들"과 "제대로 된 삶"이 있고, "나"는 그 사람들 속에 함께 있고자 하는 의지를 보인다.

시의 후반부에서 "당신"은 수박을 "멀리서부터 싣고" 온다. 따뜻해진 수박은 "나"를 향한 "당신"의 마음을 드러내지만 "여기서도 살 수 있는데"라는 "나"의 반응은 다시금 두 사람의 거리감을 확인시킨다. 그러나 결국 두 사람은 수박을 냉장고에 넣고 함께 시원해지길 기다린다. "당신"과 "나" 사이에 완전한 이해는 없지만 기다림이라는 공동의 시간이 생기는 순간이다. 기다림의 시간에 함께 체류하기를 택하는 것은 "나"가 "당신"을 향해 보여 줄 수 있는 연대의 최소 단위가 된다.

이처럼 공통점의 느슨한 연대는 적극성을 띤 이해와 동일감이 아니라 함께 있다는 사실로부터 작동한다. 조온윤의 「새천년 건강체조」에서도 '함께 있음'을 통해 작동하는 연대를 보자.

> 외계인이 있을까?//각자의 생각 속으로 침강하는/일과를 시작하기 전에/우리는 의자에서 일어나/체조를 한다 (…) 시간은 잠시 수평으로 흐른다//다음 동작을 위해 고개를 돌리면/똑같이 고개 돌린 옆 사람의/뒷모습이 보이고//좌우와 순서를 헷갈리지 않는 한/우리는 서로 마주 보지 못하지만 (…) 어깨동무하듯/외계인을 기다리는 사람들이 있다//평평 지구를 믿는 사람들이 있다//나는 그들과 함께 있다
> ─조온윤, 「새천년 건강체조」 부분

조온윤은 일과 시작 전 모두가 함께하는 체조에서 타인과의 불일치를 인식한 채 시작되는 연대의 순간을 포착한다. 시는 차이 없이 평준화된 몸짓, 체계, "평평 지구"같이 위계 없는 공간과 수평적 이미지를 반복해서 보여 주지만, 그 안의 사람들은 평등하다는 이유로 서로를 마주 보거나 호응하며 적극적으로 연결되지는 않는다. "앞사람의 뒷모습을 바라보고/똑같은 몸짓을 할 때에// 시간은 잠시 수평으로 흐른다" 이렇게 차이 없는 시공간 속에서도 화자가 볼 수 있는 것은 "옆 사람의" "뒷모습"일 뿐이다. 같은 동작을 하며 수평으로 흐르는 시간 속에서도 화자와 타인의 시선과 내면은 끝내 일치하지 않는다.

화자는 "똑같은 눈금,/똑같은 높이"에 있는 이들 사이에서 타자와의 불일치를 재차 확인한다. 도입의 "외계인이 있을까?"라는 질문 이후 이어지는 "각자의 생각 속으로 침강하는/일과"라는 표현은 "우리"가 각자 다른 믿음의 깊이와 생각을 가졌음을 암시한다. 후반부에서도 "우리"는 "어깨동무하듯/외계인을 기다리는 사람들"이자 "평평 지구를 믿는 사람들"로 묘사되지만 이러한 집단성이 동일성을 보장하지는 않는다. 끝까지 "우리"는 간격을 유지한 채 서로 충돌하지 않고, "좌우와 순서를 헷갈리지 않"으려 하면서 각자가 수행하는 동작에 집중

하기 때문이다.

화자 역시 외계인이나 평평 지구에 대한 자신의 입장은 드러내지 않고 "나는 그들과 함께 있다"는 사실만을 말한다. 여기서 함께 있음은 김조라의 시에서와 마찬가지로 가치나 신념의 동일화를 요구하지 않고 '동시에 존재하고 있음' 자체를 강조한다. 두 시의 화자가 타자와의 거리감과 불일치를 드러내면서도 관계를 단절하지 않으며 타자와 함께 있기를 택하는 태도는 완전한 이해가 구조적으로 불가능한 시대에 "우리"가 할 수 있는 가장 현실적인 연대의 시작일지도 모른다.

### 만남과 관계의 시차

불완전한 관계에서도 서로를 포기하지 않으려는 태도는 종종 관계에 서툰 화자의 모습으로 드러난다. 이는 연대의 시작이 결코 서로에게 완전하게 도달할 수는 없다는 사실을 인식한 상태에서도 다시금 관계에 참여하기를 시도하는 데 있음을 의미한다. 환대받지 못할 수도 있다는 불안, 상대가 응답하지 않을지도 모른다는 불확실성을 감수하면서도 타자를 향하면서 말이다.

김도경의 「어느 우연한 자리에」, 장가영의 「자조 모임」 속 화자들은 모두 만남의 가장자리에서 쭈뼛거린다. 그렇기에 이들의 만남이 곧 관계로 이어지지는 않는다. 다만 이들은 감정의 여운을 혼자 되새김질하며 관계의 가능성을 남겨 둔다. 만남과 관계의 시차 속에서 다음 시의 화자들이 어떻게 자신의 내면을 서서히 드러내는지를 보자.

> 나는 당신과 비어 있는 지난 시간 위에 만약을 세워 보기로 한다 […] 당신은 자신의 논리대로 차근차근 말을 해 나가고/난 내심 경탄하며 지켜본다/내 차례가 되자 민망하게 내 생각을 이야기한다/횡설수설 이야기하지만/당신이 눈을 마주치며 웃어 주는 덕분에/난 조금은 긴장을 풀 수 있다 […] 조금 갑작스러울까라는 걱정은 잠깐/나도 모르게 내 투명한 면을 꺼내고/당신은 무척이나 태연한 표정으로 내 문장을 오밀조밀 다듬는다/어느새 신호등을 앞에 두고 있다/당신이 다음 모임 날 만나자는 말과 함께 신호를 건너고/난 파란불이 켜졌다는 걸 그제야 깨닫는다
> ―김도경, 「어느 우연한 자리에」 부분

김도경의 「어느 우연한 자리에」는 "만약"이라는 가정 속에서 이루어지는 관계의 상상을 통해 지나간 시간 속에서도 타자와 다시 연결되고자 하는 욕망을 드러낸다. 화자는 단순히 과거를 회상하는 것이 아니라 "비어

있는 지난 시간 위"에 새로운 이야기를 쌓아 올리며 과거에 자신을 스쳐 지나갔을지도 모를 "당신"과의 만남을 그린다. "책을 이야기하는 모임"에서 화자는 꽤나 긴장하는데, "자신의 논리대로 차근차근 말"하는 당신과 달리 "나"는 "민망하게 내 생각을 이야기"하며 "횡설수설"한다. 이때 "당신"의 눈짓과 미소 덕분에 "나"는 긴장을 늦추고 "당신"에게 "내 투명한 면"까지 보이게 된다.

"당신"의 조심스러운 환대와 "파란불이 켜졌다는 걸 그제야 깨닫는" 화자의 알아챔은 약간의 시차를 두고 있지만, 이는 "나" 또한 "당신"과 함께할 "다음 모임"을 기다리고 있음을 암시한다. 이 기다림은 화자와 "당신" 사이의 말하기와 응답이 어긋나는 순간에도 두 사람이 관계의 실마리를 놓지 않으려는 태도에서 비롯된다. "당신"과의 거리감이 좁혀졌다는 것을 알아챈 "나"는 "다음 모임"에서는 더 자연스러운 모습이지 않을까.

이처럼 김도경의 화자는 "어느 우연한 자리에"서 누군가와 함께했던 관계를 다시 시작해 보려는 회복의 방향을 향해 걷는다. 또 다른 모임인 장가영의 「자조 모임」은 불안정한 자리에서 시작되는 관계의 감각을 더욱 세밀하게 탐색한다.

입장하였더니 빈방. 환대는 내 몫이 된다. 선택하

자. 선택하는 거야. 비장하게 미간을 구기고 있는데 네가 입장했다. 내 각오가 우습게도 너는 가지런하게 웃으며 내 이름을 불렀다. 조그만 팡파르가 터진다. […] 우리는 둥그렇게 모여서,/그 말… 그 말을 듣고 있는 거야. 서글픈 사람들이 웃어서 웃기다. […] 저는 부드러우면서도 단 사람이라고 생각했어요. 생각해 보니 그것은 유해 물질 같기도 하더라고요. 그럼 저는 이제 뭐가 되어야 할까요?(…)//둥그렇게 모인 사람들은 아무도 박수 치지 못했다. 섣부른 대답은 유해해지기 십상이니까. 그걸 아는 사람들이 모인 곳은 역시나 서글프다. […] 영아, 너 그냥 하고 싶은 거 해./지옥행이 따로 있는 거 아니더라.

—장가영, 「자조 모임」 부분

시는 모임에 참여한 화자가 스스로 환대의 주체가 되어야 하는 상황으로 시작된다. 모임은 화자에게 "비장하게 미간을 구기고 있"어야 하는 어색하고 긴장된 느낌을 준다. 이 낯선 자리에 입장한 "너"는 "나"를 향해 "가지런하게 웃으며 내 이름을" 호명한다. 이때 서로의 이름이 "같은 끝" 글자를 가졌다는 동일성은 "나"의 긴장을 늦추게 하며, 내가 건넨 "알이 가득 차" 있는 옥수수는 "둥그렇게 모여" 이루어지는 자조 모임에서의 접촉을 연상케 한다.

이 모임에 참석한 인물들은 각자 자조의 내용을 고백한다. 마침내 화자가 자신의 이야기를 고백하고 질문할 때 아무도 박수를 치지 못하고 "섣부른 대답"을 하지 않는 장면은 이 공간이 무의미한 위로나 섣부른 확신의 말을 허용하지 않는다는 것을 보여 준다. "섣부른 대답은 유해해지기 십상이니까"라는 문장은 자조 모임 속 인물들이 어떠한 실패와 상처를 겪었기에 서로를 이해하고 있음을 암시한다. 그리고 그들에게는 침묵으로 서로를 지키는 방식의 윤리가 존재한다.

장가영의 시에서 연대는 내밀한 고백에 섣불리 응답할 수 없는 마음을 이해하는 태도에서 비롯된다. 시의 말미에, '영아, 너 그냥 하고 싶은 거 해./지옥행이 따로 있는 거 아니더라"라는 말은 어떤 조언의 의미가 아니라 "너"의 존재를 그대로 받아들이겠다는 수용의 표현이다. 이는 서로의 서글픔을 이해하기 때문에 망설일 수밖에 없는 자조 모임 속 느슨한 연대의 화법일 것이다.

「어느 우연한 자리에」와 「자조 모임」에서 관계는 서툰 참여에서 출발한다. 쭈뼛거리며 말 걸기, 긴장, 민망함, 횡설수설 이야기하기. 이런 모습에 조용히 눈을 맞추고 미소를 건네며 섣부른 말을 삼가는 것은 모두 낯설고 어려운 관계를 포기하지 않으려는 노력이다. 이들은 함께 있기 위해 타인과 무언가를 정확하게 맞추려고 하지 않고 어긋남과 어색함을 기꺼이 감수하며 관계에 참여함으로써 서툴지만 느슨한 연대를 실천한다.

### 불길한 미래를 향한 믿음

앞선 시편들에서는 서로의 불일치를 감수하면서도 함께 있으려는 실천에 주목했다. 그 연대는 타인과의 간극을 인식하면서 관계 맺기를 포기하지 않는 태도에 기반한다. 그러나 말을 건네거나 대화를 시도하지 않아도, 의식적인 실천 없어도 가능한 연대가 있다. 지금 이 시대를 살아가고 있다는 조건으로 연결되는 감각의 연대이다. 이 연대는 극단적인 고통으로 가시화되지 않지만 동일한 시대를 살아가며 공유할 수 있는 불안을 전제한다. 우리는 서로 가까이에 있지 않아도 같은 기후를 감지하며 때로는 유사한 질문을 품은 채 살아간다는 사실만으로도 연결되어 있기 때문이다. 다음의 두 시는 고요한 정서 속에서 이러한 연결을 포착한다.

> 나는 이 생태를 조성하려고 신의 생각을 아주 잠깐 훔쳐봤지 그런 내가 너무도 불결해서 작은 옹관을 만들어 그 안에 검지를 잘라 넣고 테라리움 안에 묻어 두었지 […] 옹관이 묻힌 곳 위에서 싱고니움의 잎

이 나를 향해 손가락처럼 뻗어 있었지 [⋯] 오래 같이 비를 맞아 줄 사람이 곁에 있으면 좋겠어 그러니 절대 널 떠나지 않을 거라고 연신 말을 하던 사람 뒤로//비를 피해 건물 안으로 사라지는 몸들에게 나는 마음을 빼앗기곤 했다 [⋯] 내가 죽고 나서 오랜 시간이 흐른 뒤에 다른 이에 의해 출토되는 옹관을 상상했다/불결한 나를 그리워하던 누군가의 생각이 옹관과 함께 묻혀 있었다

―이기현,「테라리움」부분

이기현의 「테라리움」에 등장하는 고립된 개인은 반성적으로 사유하며 자신과 관계 맺었던 타인과 세계를 되돌아본다. 화자는 "신의 생각을 아주 잠깐 훔쳐봤"다는 고백과 함께 "너무도 불결"한 자신을 봉인하듯 "검지를 잘라" "작은 옹관"에 넣고 테라리움 속에 묻는다. 애초에 "이 생태를 조성"하려고 신의 생각을 훔쳐보았던 시도와 그런 자신이 불결해서 신체의 일부를 잘라 "이 생태"에 포함하는 행위는 매우 역설적이다. 자신의 일부를 테라리움 속에 봉인하며 불결한 자신을 벌하는 동시에 보존하려 하기 때문이다.

이후 시의 전반에 걸쳐 화자는 조심스러운 반성을 이어간다. "나"는 "오래 같이 비를 맞아 줄 사람이 곁에 있

으면 좋겠어 그러니 절대 널 떠나지 않을 거"라고 말하던 이를 기억하지만 정작 자신은 "비를 피해 건물 안으로 사라지는 몸들"에게 "마음을 빼앗기곤 했"음을 고백한다. 과거의 관계에 제대로 응답하지 못했던 자신에 대한 자각과 반성은 "수경 재배를 하던 식물을 테라리움 안"의 흙 속으로 옮기는 행위에서도 반복된다. 화자는 "내가 조성한 생태"가 "나를 사랑하고 있을"지, "아니면 원망하고 있을"지 확신할 수 없다. 자신이 만들어 낸 작은 생태조차 자신을 원망할 수 있다는 불안은 "나"가 관계 맺어 왔던 타인과 세계를 전제로 죽음 이후를 상상케 한다.

상상 속에서 화자의 죽음 이후 출토되는 옹관에는 "불결한 나를 그리워하던 누군가의 생각"이 함께 묻혀 있다. 이는 과거에 대한 단순한 반성에서 나아가 "불결한" 자신이 끝내 누군가에 의해 기억되고 있었음을 보여 준다. 테라리움 속에 절단된 자신의 일부를 고립시키며 벌하는 동시에 보존하고자 했던 행위는 순수한 속죄에 가깝지도, 완전히 이기적이지도 않다. 검지를 묻은 자리에서 자란 "싱고니움의 잎"이 "나를 향해 손가락처럼" 뻗어 있었다는 인식처럼 화자는 고립과 형벌을 원하면서도 누군가의 응답을 기다려 왔을 것이다.

이처럼 직접적인 만남이나 명확한 응답 없이도 화자

의 존재가 누군가의 내면에 남아 있었다는 상상은 동시대를 살아가는 이들이 공유하는 불안과 고립 속에서 가능한 연대의 한 형태로 읽힌다. 화자는 생태와 관계, 실존을 반성적으로 되짚어 보며 결국엔 자신조차 불결하다고 느끼며 외면했던 자신을 누군가는 그리워했을지도 모른다는 믿음을 얻게 된다.

> 식물원에 다녀온 후/빙하기가 왔다 […] 입술이 점점 얼어붙어서/식물에게 온도를 빌려 썼다/시들지 않을 만큼/정확한 온도로 나눴는데/식물은 더 이상 자라지 않았다 […] 물방울이 떨어졌다/마지막 남은 나무에게 물을 주듯/누군가 아주 조용히 물조리개를 기울였다/나는 눈을 감았고/끝이라는 건/이렇게 살아 있는 채로 멈추는 거구나//선인장의 온도를 훔쳐 파는 사람들/그들은 아주 오랜 시간이 지나서야/나의 동상凍傷을/침묵을/이해할 것이다//여분으로 남겨 둔 온도를/베란다 밖으로 버리면서/내게 도달하지 못한/지구 반대편의 체온을 생각했다
> ─신혜아림, 「미완성 시대」 부분

신혜아림의 「미완성 시대」 또한 고립된 화자를 통해 기후 불안과 연대의 감각을 드러낸다. 화자는 "동상"과

"침묵"이라는 상태에 있지만 이는 죽음이 아니다. 오히려 화자는 선인장에게서 얻은 최소한의 온도 덕분에 죽지 않은 채 "더 이상 자라지 않"는 식물처럼 정지된 상태로 버티고 있다. 이어서 시는 이 생존의 온도마저 착취하는 이들을 등장시킨다. 이들은 타인의 고통을 돌봄 없이 대상화하거나 상품화하는 사람들이며, 식물이 "시들지 않을 만큼/정확한 온도"를 빌려 쓰는 화자를 이해하지 못한다. 그러나 화자는 "아주 오랜 시간이 지나서야" 이들 또한 자신이 겪은 것 곧 "살아 있는 채로 멈추는" 고립된 생존의 감각을 경험하게 될 것이며, 그제야 "나의 동상凍傷과 침묵"을 이해하게 되리라는 믿음을 내비친다. 이 믿음은 즉각적인 위로나 구원은 아니지만 시간 너머의 돌봄과 이해를 향한 지연된 연대의 가능성이다.

  화자는 이 연대에 대한 믿음을 실천하기 위해 자신의 온도를 버린다. 자신의 존재를 겨우 살아 있게 하던 "여분으로 남겨 둔 온도를/베란다 밖으로" 버리는 일은 자포자기나 자멸처럼 보일 수도 있겠다. 그러나 이는 자신에게 온도를 나눠 준 식물과 "아주 조용히 물조리개를 기울"여 주었던 "누군가"에게 얻은 여력으로 지구 반대편의 다른 존재에게 다가가려는 시도다. 고립되고 정지된 상황에도 불구하고 "내게 도달하지 못한/지구 반대편의 체온을 생각"하는 화자는, 어쩌면 누군가는 이미

이쪽을 향해 자신의 체온을 보내고 있을지도 모른다는 희망을 놓지 않는다. 결국 화자는 모든 연결이 끊긴 듯한 세계에서도 돌봄의 온도를 지키며 누군가에게 닿으려는 시도를 통해 고립과 착취를 넘어선 연대의 가능성을 조용히 희망한다.

이기현과 신혜아림의 시에 등장하는 화자는 모두 고립된 채 자신의 불완전함과 불안한 미래를 예감하면서도 누군가와 닿을 수 있는 가능성을 상상한다. 이들은 자신의 행위에 대한 즉각적인 응답이 부재한 상태에서도 살아 있다는 감각을 중심으로 타인의 존재를 감지한다. "나"의 죽음 이후 발견되는 누군가의 기억(「테라리움」)이나 "나"가 "베란다 밖으로" 버린 "온도"(「미완성 시대」)는 서로에게 완전히 닿지 못했지만, 타인에게 닿고자 하는 존재의 미약한 신호이다. 이는 함께 말하고 행동하지 않더라도 지속될 수 있는 연대의 가능성을 보여 준다.

### 열쇠가 되는 슬픔을 건네며

불완전한 고백, 머뭇거리는 말 걸기, 침묵은 모두 느슨한 연대를 향한 조심스러운 몸짓이다. 언제나 연대는 시작되기도 끝맺기도 어렵다. 그럼에도 우리가 반복해서 서로를 향해 손을 내미는 이유는 지금 이 순간에도 어딘가에는 같은 통증을 가졌거나 유사한 질문을 품은 이들이 존재하고 있을 것이라는 믿음 때문이다. 우리는 때로 과거의 고통을 감각하고, 타인과의 거리감과 관계의 실패에도 불구하고 다시 타인을 향해 말을 걸며, 비슷한 불안을 공유할 수밖에 없는 시대를 살아가고 있다. 그렇기에 연대는 완전한 이해나 일치가 아니라 어긋남과 지연 속에서 순간적인 감각으로 존재한다.

> 두드릴 수 있는 문이 있다면 좋겠어
> 불 꺼진 복도에 우두커니 앉아 있을 때
> 나의 슬픔이 철컥이는 열쇠인 것처럼
> 들어와, 여기서 기다리렴
> 환하게 열리는 문이 있다면
> ─조온윤, 「열쇠의 집」 부분

"나의 슬픔이 철컥이는 열쇠인 것처럼" 나의 슬픔으로 누군가를 향해 열리는 문을 상상해 본다. "우리는 같은 통점이 된다"는 문장 아래, 슬픔과 통증은 각자의 몫이 아니라 서로를 이어 주기 위한 신호가 된다. 비록 완전한 연대는 어려운 일이지만 "환하게 열리는 문이 있다면" 우리는 기꺼이 그 앞에서 당신을 기다릴 수 있다. 열쇠가 되는 슬픔은, 그 문 너머의 환한 풍경 속에서 당신과 나, 우리의 시간을 잠시나마 겹치게 하는 유효한 연대의 징후가 될 것이다.

우리는 같은 통점이 된다
2025년 10월 1일 1판 1쇄 펴냄

| | |
|---|---|
| 지은이 | 문학동인 공통점 |
| | 김도경 김병관 김원경 김조라 신혜아림 이기현 이서영 장가영 조온윤 |
| 기획 | 윤소현 |
| 펴낸이 | 김성규 |
| 편집 | 조혜주 최주연 권은하 |
| 디자인 | 신혜연 |
| 펴낸곳 | 걷는사람 |
| 주소 | 경기도 용인시 기흥구 동백중앙로 358-6, 7층 (본사) |
| | 서울 마포구 월드컵로16길 51 서교자이빌 304호 (지사) |
| 전화 | 031 281 2602 / 02 323 2602 |
| 팩스 | 02 323 2603 |
| 등록 | 2016년 11월 18일 제25100-2016-000083호 |

ISBN 979-11-7501-017-8 04810
ISBN 979-11-89128-01-2 (세트)

* 이 책은 광주광역시, 광주문화재단 '2025 지역문화예술육성지원사업'의 지원을 받아 발간되었습니다.
* 이 책 내용의 전부 또는 일부를 재사용하려면 반드시 지은이와 출판사의 동의를 얻어야 합니다.
* 잘못된 책은 교환해 드립니다.